ALERTA ROJA

GUÍA PARA EVITAR RELACIONES PELIGROSAS

SILMA QUIÑONES, PhD

PRIMIX
PUBLISHING
THE WRITE CHOICE

Primix Publishing
11620 Wilshire Blvd
Suite 900, West Wilshire Center, Los Angeles, CA, 90025
www.primixpublishing.com
Phone: 1-800-538-5788

Published by Primix Publishing: 04/05/2024

ISBN: 979-8-89194-116-8(sc)
ISBN: 979-8-89194-117-5(e)

Library of Congress Control Number: 2024901988

Drácula, King Kong, Don Juan, Superman
Los has visto en el cine, aquí comprenderás
que puede estar a tu lado.
No caigas en su trampa.
Guía para evitar las relaciones peligrosas.

AGRADECIMIENTOS

Son tantas las personas que han contribuido a este proyecto que, al señalar a algunas, reconozco que muchas otras también pudieran estar en esta lista. Mi familia y mis amigos me han apoyado siempre y de manera incondicional, han sido mi sostén en momentos de desesperanza. Gracias a todos y, en especial a Aida Bayona.

Para toda mujer, especialmente para las hijas
que aún no se explican cómo su madre pudo
involucrarse en una relación de pareja tan horrible.

TABLA DE CONTENIDO

PREFACIO

Son muchos los libros que se han escrito sobre la relación de pareja y la violencia de género, pero muy pocos abordan el tema de la prevención.

Por eso, me sentí muy satisfecha al leer el libro de la doctora Silma Quiñones, *Alerta roja*, un manual que nos ayuda a identificar a las personas que son agresoras potenciales.

La doctora Quiñones combina su experiencia como terapeuta, sus habilidades pedagógicas y su don para la comunicación de una manera sencilla pero efectiva, y le brinda al lector herramientas para prevenir ser víctima de violencia doméstica.

Mucho se ha adelantado en este tema. Ya no es un asunto entre marido y mujer en el que nadie se debe meter. Es un asunto que afecta a todos en la comunidad, que se convierte en un ciclo que perpetúa esta conducta.

Aunque tenemos leyes protectoras, lamentablemente la ayuda llega demasiado tarde. Con frecuencia escucho a las víctimas de violencia doméstica decir "que nadie tiene un letrero en la frente que le identifique como agresor". Teoría que queda destrozada en este libro de la doctora Quiñones.

Tienen el sello, tienen la marca: roja. Lo que hay que hacer es aprender a identificarla, entender esas señales.

Para envolver al lector la doctora Quiñones utiliza personajes literarios ampliamente conocidos como Don Juan y el Dr. Jekyll y Mr. Hyde. Los analiza y los describe de pie a cabeza. Además, recurre a personajes cinematográficos famosos, como Rocky, Superman, Tarzán y Jane, y a través de estos personajes logra que el lector entienda la forma en que se comportan los seres humanos en sus relaciones de pareja.

Qué mejor manera de integrar el cine y ver, por ejemplo, la conducta del agresor y la víctima en pantalla grande, a través de películas que han explorado el tema: *Atracción fatal, Psycho y Durmiendo con el enemigo.*

Este libro representa un importante paso en el estudio de la conducta humana y debe ser lectura de rigor en las escuelas y universidades del país. Si queremos un mundo de paz, tenemos que comenzar por el individuo, por la pareja y por la familia.

Carmen Jovet

INTRODUCCIÓN

El peligro más grande para la mujer hoy es el hombre que tiene cerca. Tanto el que la ronda y la pretende, como el que ya fue elegido, está a su lado y comparte su cotidianidad.

Esos hombres tienen la más alta probabilidad de asaltarla, arruinarla económicamente, destrozarla emocionalmente y de hasta quitarle la vida. Sin embargo, se piensa que las mujeres se tienen que proteger de los extraños. Efectivamente, en algunos casos, quien atenta contra la vida de su víctima es un desconocido, pero las estadísticas confirman que la mujer está más expuesta al lado de su pareja que frente a cualquier otra persona. Esto es alarmante.

Las mujeres son menos propensas que los hombres a ser víctimas de crímenes violentos, pero las probabilidades de que sean agredidas por sus parejas íntimas aumentan de cinco a ocho veces más. Alrededor del mundo, una de cada tres mujeres ha sido golpeada, violada, asaltada, maltratada y asesinada por su compañero, y se comprobó que la víctima no propicia el encuentro sexual ni sospecha del peligro inminente que representa esa cercanía. *Hay hombres que también viven relaciones con personas maltratantes y las descripciones que presentamos les sirven también para poder identificarlos a tiempo.*

Desplacémonos al hogar. Allí tampoco la mujer está a salvo de la violencia de su pareja. El patrón de maltrato físico y emocional suele estar presente desde el noviazgo, incluso de una manera casi inperceptible. Un tirón de brazo, un tono de voz hostil, un reclamo ofensivo, son ejemplos de conductas que surgen desde el principio, pero que la mujer no identifica como señales para un escape inminente y que son indicadores de alerta roja.

Todo se camufla bajo una secuencia de pensamientos lógicos que mantienen a la mujer atada a esa relación peligrosa. Por ejemplo, piensan que las escenas violentas son incidentes espontáneos que no se repetirán, o que si ella no lo provoca su pareja no perderá el control. Pero sucede que cuando ella se concientiza del peligro -y quiere escapar de su pareja agresora-, es la muerte la que la sorprende.

Los hombres agresores no se acercan a las mujeres con un cartel de "¡Peligro!", ni menos con un registro de a quienes ha traicionado, maltratado o arruinado. Tampoco verbalizan su patrón de conducta. Jamás dirán: "Sabes, me gustas mucho, pero cuando me dé coraje serás la única persona a quien golpee y con quien desahogue mis frustraciones".

Su apariencia física, usualmente, es contraria a lo que realmente se descubre con el tiempo; su seducción es una trampa con cara de inocencia que los enmascara, y psicólogos, psiquiatras, abogados o jueces les dan su voto de confianza y no logran descubrirlos.

Es un monstruo que debilita a sus víctimas hasta el punto de que ellas empiezan a dudar de sí mismas y de su capacidad para tomar decisiones; se aferran a la esperanza de lograr cambiarlos y ser felices a su lado. No tienen idea de lo que les espera ni sospechan de su conducta. Cuando despiertan porque les acecha el peligro, ya no tienen fuerza para abandonar la relación.

Quiero aclarar que este desconocimiento no es porque las mujeres carezcan de inteligencia o madurez emocional, sino porque este tipo de hombres no parecen ser peligrosos. No inicialmente.

La clave para estar a salvo es descubrir quién es un peligro para ti antes de entregarle tu corazón. Porque una vez que te enamoras caes en la trampa y salvarte es difícil. Por eso es importante reconocer las señales que sirven de alerta.

Te daré un par de ejemplos: cuídate de la persona que al instante de conocerte te identifica como el amor de su vida. No se puede hablar de amor sin conocer a quien se dice amar. Quien lo afirma, no es porque te ama, sino porque su esquema mental le determina cómo tienes que ser y por sus peligrosas inseguridades. Esa manera de amar termina con frecuencia en maltrato emocional.

No te dejes llevar por la atracción física, porque ésta no es el reflejo directo de la personalidad. Muchas víctimas de violencia doméstica describen a su pareja como una persona muy atractiva y seductora. No te dejes deslumbrar, tómate tu tiempo para conocerlo bien.

No es ideal conocer a una persona que atraviesa por algún tipo de crisis. Esto despierta en ti deseos de rescatarlo y protegerlo como víctima y luego se convierte en el patrón definitivo de la relación. Siempre te verás ayudándolo y rescatándolo de un sinfín de problemas. No confíes tampoco en alguien que en el primer encuentro espera una intimidad sexual. Los adictos al sexo buscan solo su satisfacción.

Camina con cuidado para que percibas éstas y otras señales de alerta.

Los seres humanos somos individuos únicos e irrepetibles, pero en algunas situaciones reaccionamos, pensamos y adoptamos conductas similares. Algunos de esos patrones pueden ser simples y benignos, pero hay otros que pueden dominar a la persona y destruir su entorno.

Basándote en esos patrones, podrás anticipar su forma de pensar, reaccionar y actuar en ciertas circunstancias, porque generalmente lo que la conducta varía de individuo a individuo es mínimo y, además, porque son episodios recurrentes, solo que con diferentes niveles de intensidad. Una vez logres identificar y anticipar estos patrones, no caerás en su trampa.

Como ves, en cualquiera de los casos es un peligro real

enamorarte de la persona equivocada. Por esto, si logras escoger bien tendrás la oportunidad de disfrutar de una relación de pareja saludable, crecer emocionalmente a su lado y florecer como persona.

Escoger con los ojos abiertos no es quitarle el romance y la magia al proceso de elegir, es poder identificar la diferencia entre magia y truco burdo. Esas son las alertas que debes olfatear, incluso antes de que surja la situación perfecta para asombrarte.

Las señales que te indican si hay atracción no te ayudan a identificar si es la persona con quien puedes tener una relación estable que te traiga felicidad. Para ello, es indispensable detectar y diferenciar las señales de atracción y las señales de alerta de peligro.

Es necesario que te eduques, que te conozcas a ti misma y le des suma importancia al proceso de evaluar a la persona con quien piensas establecer tu próxima relación. Debes tener información que te ponga en alerta antes de escoger pareja nuevamente, no explores a ciegas.

Los criterios para elegir tu nueva pareja son básicos y esenciales. Tienen que ver más con gustos individuales y circunstancias particulares, pero también debes contar con la habilidad de evaluar y discernir entre los posibles candidatos e identificar quién reúne todos tus requerimientos y satisface tus expectativas.

No quiero alarmarte ni darte la impresión de que el riesgo de fracaso y peligro es grande. Tampoco pretendo que creas que seleccionar a tu pareja será una tarea imposible de lograr. Lo que quiero es abrirte los ojos para que puedas evaluar y tengas las herramientas para desistir o seguir en el intento. Además, mi intención es que siempre tengas en cuenta que el éxito de una relación de pareja dependerá, en gran medida, de cuán bien hayas sabido seleccionar.

Quizás estés pensando: "Yo entiendo todo lo anterior, pero siempre cometo el mismo error: cuando me enamoro lo hago de la persona equivocada y no me doy cuenta sino hasta cuando ya estoy desecha". Aunque así lo creas, en realidad no siempre cometes el mismo error, son errores parecidos que te ayudan a crecer.

Si reflexionas y aprendes de tus errores pasados, sabrás que las emociones no son incontrolables ni tampoco tienen poder absoluto sobre ti. Puedes guiarlas de tal manera que no te traicionen y vencer la tentación con información que te permita ver los riesgos ocultos y mantener tu corazón con pensamientos sabios y actitud positiva.

En las próximas páginas encontrarás una guía y un perfil para que detectes desde quiénes pueden representar algún nivel de peligro en tu vida (empezando por el que aún no conoces e identificarlo desde la primera salida), hasta reconocer el peligro que representa tu compañero actual.

Para facilitarte el proceso de entender y aprender a identificar con quién no debes relacionarte, elaboré una analogía de perfiles psicológicos de los agresores con algunos personajes clásicos del cine, para que cuando toquen a tu puerta los identifiques sin mucho trabajo y ni siquiera les concedas una segunda cita.

A estos personajes los categoricé por su nivel de peligrosidad. Comenzaré con el más peligroso, complejo y difícil de detectar, la Alerta roja; continuaré con la Alerta naranja y finalizaré con la Alerta amarilla.

Estas alertas son categorías que asociamos con terrorismo y desastre. Pues así mismo quiero que reacciones cuando alguno de ellos te sorprenda; con el mismo grado de aprehensión y cautela, porque es más probable que pierdas la vida física o emocional ante uno de estos personajes que por un explosivo o desastre.

Toma todo este material en consideración, te protegerá de dar palos a ciegas y de frustrarte hasta el punto en que te rindas y te resignes a una vida solitaria y sin ilusión. Te propongo que unas tu mente y tu corazón a la hora de escoger a quién estará a tu lado en los momentos importantes y especiales de tu vida y de renunciar a quien ya tienes a tu lado.

Bienvenida a *Alerta Roja*.

PARA LOS GUSTOS, LOS COLORES

A la hora de escoger y enamorarse, cada cual tiene sus preferencias e intereses. Lo que a ti te enamora a otra persona le puede provocar total indiferencia. Eso es parte de la magia y el romance del proceso de enamoramiento. Cada individuo es un mundo y es único, cada persona tiene su encanto y desencanto particular.

De la misma manera, la química de atracción es casi impredecible. Sin embargo, la atracción automática no es el sinónimo de una relación de pareja saludable y duradera. Algunas atracciones son producto del proceso de seducción, mas no de las cualidades del seductor.

Para facilitarte el proceso de identificación, he establecido tres categorías de peligro y de dificultad para los posibles candidatos: Alerta roja, Alerta naranja y Alerta amarilla. La roja es la de mayor peligrosidad, mientras que la amarilla implica menos señales de alarma.

Hay algunos personajes que, aunque te atraigan o te enamoren, debes evitarlos a como de lugar y bajo ninguna circunstancia establecer una relación de pareja con ellos; son una verdadera tentación que, tempranemente, te involucrarán en la relación. Tal vez fantasees creyendo que es la persona y el amor de tu vida, pero realmente no lo es.

Hay otros personajes que pueden provocarte sentimientos hermosos, pero son un peligro físico y emocional. Son personas que logran enamorarte con expresiones de amor y sentimientos especiales, lo que no coincide con su comportamiento ni el estilo de vida que llevan. Ante los demás, se presentan de una manera agradable y simpática, pero con su pareja son antagónicos y significan un peligro emocional y físico, ocasionan daños irreparables.

Los últimos personajes, por un lado, no son tan peligrosos (aunque se les dificulta relacionarse y, por ende, no pueden establecer una relación de pareja saludable ni duradera), pero por otro lado tienen un potencial para funcionar como pareja, pero requerirán de mucho esfuerzo de tu parte y ayuda profesional para mantener la relación.

Entremos en materia. Ahora analizaremos juntas cada uno de los aspectos de estos personajes.

CAPÍTULO 1

ALERTA ROJA

E ste es el nivel más severo y de mayor peligro. Si te involucras con alguien dentro de esta categoría puede significar la muerte física y sicológica. Además, la persona no es capaz de compadecerse ni de responder al amor que le brindas. Sicológicamente, no entiende la gravedad del daño que ocasiona, y si lo entendiera, igual no le importaría.

Típicamente, tienen dificultad para vincularse con los demás, por ello no pueden sostener una relación íntima y saludable en la que ambas personas se beneficien. Las anteriores señales son aspectos que no descubrirás prontamente, por eso el elevado nivel de alerta.

Lo más amenazante de este personaje es que nadie se imagina lo peligroso que puede llegar a ser. Su apariencia y conducta no dejan ver el daño que puede causar. Aún cuando te cuestiones algunas cosas que no concuerdan o sus conductas extrañas, jamás pensarás que el peligro es grande.

Es más, si alguien cercano a ti las identifica y te da la voz de alerta, te extrañarás y pensarás que son exagerados. Dirás: "¡Cómo va a ser!, "¡Imposible, él no es así!". No lo verás, porque te está seduciendo y de su comportamiento solo percibirás lo atractivo, pero otras personas, al no ser seducidas por él, pueden ver lo que tú no puedes ver.

La mayoría de los asesinos en serie, por ejemplo, no parecían ser peligrosos ni para sus familiares ni para sus vecinos. No es hasta cuando se define el patrón de sus víctimas que se acepta la peligrosidad, porque nunca lo aparentan.

Te señalo un caso ocurrido en los Estados Unidos: la mujer convicta por asesinar a siete hombres, Aileen Wuornos, admitió en una entrevista que ella maquinaba sus mentiras y las dramatizaba de manera convincente para que en sus declaraciones muchos la creyeran incapaz de actos tan terribles y la vieran como una víctima de maltrato infantil, prejuicios y abusos. Todas sus historias buscaban que ella fuera percibida como la víctima, y no los siete hombres a quienes había matado.

Este es un caso entre miles que se registran a diario. Después de una relación con este nivel de alerta, puedes quedar tan afectada emocionalmente como para no poder disfrutar la vida ni funcionar a un nivel independiente. Este personaje es capaz de afectar tu autoestima hasta el punto de no atreverte a ir de compras al supermercado. Mujeres ejecutivas con grandes proyectos y responsabilidades, hábiles e inteligentes, han quedado tan maltrechas que pierden su empleo, se internan en clínicas siquiátricas (por intento de suicidio), económicamente quedan destruidas y sus familiares, después de muchos esfuerzos por rescatarlas, desisten y se alejan.

Abre bien los ojos para que no seas una víctima más. Cuando identifiques algunas de las características de las personas descritas en esta categoría presta mucha atención. Consulta la situación con familiares de tu confianza y con tus amistades para que observen tu atmósfera y te den una opinión objetiva. Incluso, puedes consultar a un profesional de la salud mental. Ve con mucha cautela y si te quedan dudas te recomiendo que no te arriesgues. Por más que te ilusione el amor y el romance, no vale la pena poner tu vida en riesgo por un aparente amor.

DRÁCULA

El personaje clásico de la película *Drácula*, encarnado por el actor Bela Lugosi, es un excelente ejemplar de la pareja vampirezca. Drácula parece tener vida pero en realidad está muerto hace cientos de años. Él no puede producir sangre, que es lo esencial para vivir, por lo que necesita obtenerla de una persona viva. Lo que requiere para hacer su "vida" lo tiene que obtener quitándosela a otro. La sangre que le da vida le dura muy poco, de manera que todos los días sale de noche a buscar a su próxima víctima.

A través de los años él (Drácula) se mantiene igual, sin cambiar, no crece ni muere. Mueren las personas que logra hipnotizar para que se rindan ante él y le entreguen voluntariamente su cuello para chuparle la sangre que necesita. No es violento, prefiere gastar sus energías seduciendo.

Para conseguir lo que quiere, su estrategia principal es lograr que su víctima le permita acercarse lo suficiente para mirarla a los ojos, hipnotizarla y ponerla bajo su control y así robarle la vida. De ese encuentro fatal solo quedan como evidencia dos pequeños orificios en el cuello. No hay huellas de forcejeo ni de violencia, solo una víctima que ha quedado muerta en vida.

Al igual que Drácula, la persona vampirezca, seduce a su víctima de una forma que no deja ver su verdadera naturaleza. Su seducción tiene como propósito principal adueñarse de ti y debilitarte de tal forma que, entre más tarde percibas el peligro en el que te involucraste, menos fuerzas tendrás para protegerte y salvarte.

Recuerda la imagen de Drácula, pelo húmedo y brillante, impecablemente peinado hacia atrás, vestido de etiqueta y con su camisa blanca inmaculada, a pesar de su costumbre de chupar sangre humana. Ten presente, también, sus movimientos elegantes, con ausencia total de torpeza, y su caminar lento y poco amenazante. No olvides que cuando se acerca a su víctima fija su mirada hipnotizante sobre los ojos de la mujer que él ha escogido. Nada delató el propósito nefasto ni el desenlace fatal que condujo el caballero deslumbrante de tan elegante estilo. Nunca levantó su voz ni forcejeó con sus víctimas. Cada una de ellas se entregaba sin medida al encanto de quien las iba a dejar sin vida.

Los vampiros del amor han sido muchos en el cine. Tom Cruise en *Entrevista con el vampiro (Interview with the Vampire)*, encarna el peligro detrás de un hombre guapo, seductor y carismático, que logra que sus víctimas se entreguen a él sin resistencia. Estas solo descubren la realidad de esa atracción cuando es tarde para salvar sus vidas.

Por otro lado, Catherine Denueve, protagoniza *El ansia (The Hunger)*, largometraje en la que ella es una bella vampira que no lleva a su víctima a la muerte inmediata, sino que cada día le extrae la sangre suficiente para mantenerse viva y mantener viva a su víctima. Sus parejas, envueltas en su seducción mágica, descubren la realidad de la relación, pero prefieren sacrificarse por "amor"; prefieren perder sus vidas a cambio de que ella continúe viva y sin las señales propias de los cientos de años de edad que tiene. Ella conserva en el ático de su casa a todas sus ex parejas aún con vida, pero esqueléticas y deterioradas. Ella los abraza y les demuestra el amor eterno que les ofreció cuando los enamoró. Ellos continúan estando ahí para ella, como despojos humanos, sin identidad y sin una vida real.

¿Quién es el "vampiro" del amor?

Son personas que crecieron físicamente, pero que emocionalmente se quedaron en una de las etapas primarias: la dependencia infantil.

El bebé, cuando nace, depende totalmente de que otros le suplan para satisfacer sus necesidades, ya que por sí mismo no las puede identificar y llora cuando registra algún malestar físico. Quienes lo aman, sin escatimar esfuerzos, deben identificar la necesidad específica, reaccionar con urgencia y proveerle la solución. La prioridad es el bienestar del bebé. Las necesidades de quienes lo aman son inexistentes. Y, finalmente, la sonrisa y la alegría del bebé, en señal de comodidad y alivio, tranquilizan a quienes le rodean y le aman. Esa frágil sonrisa es el reflejo de la satisfacción del deseo y necesidad, mas no un reconocimiento a los esfuerzos recibidos.

De igual manera sucede con ese tipo de adultos, quienes crecen con la visión infantil narcisista de que los demás obtienen valor según les resuelven sus necesidades. Su interés es puramente egoísta: "Quiero saber si realmente me puedes servir y cómo manipularte para lograrlo".

Así como un bebé, su inocencia y su pureza encantan. En ocasiones, la gracia del bebé inocente que lleva dentro, y ese amor infantil que sonríe con pureza, se dejan ver y cautiva a quien lo acompaña. No tienen las inhibiciones del adulto maduro, que ya no es tan espontáneo. Maneja una inocencia que luce tan especial y real, que todavía no ha entendido que el mundo no gira ni alrededor de él ni para él.

Su atractivo personal, además de ser herramienta útil para seducir a sus víctimas, refleja su amor propio, que es su razón de ser. Ellos realmente creen que se lo merecen todo y que cada uno de sus antojos tiene carácter de necesidad imperiosa. Lo que les atrae es aquello que les da placer inmediato y placer físico, y tienen que obtenerlo sin importar las circunstancias.

Sus gustos son exquisitos: buscan la mejor comida, la mejor

bebida, la mejor ropa, el mejor auto, etc. En su exquisitez, identifican lo necesario para que su gusto se satisfaga a plenitud y una vez obtienen lo que quieren continúan con el siguiente antojo.

La vida de estos personajes gira alrededor de darse gustos y de obtener esa felicidad ansiada y merecida. Sin embargo, son personas que se frustran y se irritan por pequeñeces y boberías; su felicidad es muy frágil y efímera. Su vida está llena, por un lado, de muchas experiencias gratas y, por el otro, de contrariedades e irritaciones. Lo grave es que después de muchas satisfacciones y alegrías, a la menor contrariedad todo se arruina. La felicidad se echa a perder.

La noche romántica es una noche de fantasía en la que a él no le falta ningún detalle. Las frases amorosas son de una sensibilidad romántica fabulosa. Todo está al servicio del narcisista, no es una muestra real de amor por la persona a quien está seduciendo. Esa parte, la de la seducción, es exquisita. Pero no está pensada con el propósito de satisfacer a sus víctimas, sino que para sobresaltar su imagen propia de romántico.

¿Por qué son así?

Las raíces de la personalidad vampirezca están en su desarrollo fisiológico y emocional. Cuando nacemos, la parte más primitiva e instintiva del cerebro es la que gobierna la conducta del bebé, responde en piloto automático a las señales de necesidad biológica y de peligro. Es ahí donde se encuentran las claves y herramientas para la supervivencia. Es un cerebro que no piensa, reacciona. Si siente alivio, sonríe; si siente malestar, llora.

El significado social de su conducta no existe. Un bebé no tiene noción del contexto social que le rodea y, por tanto, reacciona a sus necesidades momentáneas. Llora en horas imprevistas, hace sus necesidades biológicas espontáneamente y sin control, y su fragilidad y dependencia requieren que otros lo hagan todo por él.

Es vital que sus padres adivinen sus necesidades sin

equivocarse, ya que un error puede provocar su muerte. Su pequeño rostro fruncido y el llanto son el aviso certero de que algo anda mal. Con urgencia preparan la leche, le cambian el pañal, le toman la temperatura, hacen lo posible para recibir la otra señal importante: el fin del llanto. Los padres se alivian al entender que ya no hay peligro y, con el tiempo, aprenden a identificar el llanto y discernir las causas; anticipan y se preparan para poder responder con prontitud una vez el bebé llora, y establecen rutinas para que el llanto no produzca una crisis.

Este grado de dependencia física solo existe en los primeros meses del desarrollo del bebé. Más adelante puede ingerir mayor cantidad de alimentos y el aviso de hambre no es tan frecuente. Una vez empieza a hablar, ayuda a sus padres a descifrar lo que le ocurre y aprende a pedir de una manera menos alarmante. Ese desarrollo normal incluye, además, una tolerancia a esperar y a sobrellevar la frustración y la contrariedad.

En una familia emocionalmente saludable los padres atienden las necesidades del infante, pero también responden a las de los demás miembros de la familia. Además, según el bebé se desarrolla y se fortalece, la urgencia de responder a sus llantos va disminuyendo. El bebé comienza a experimentar la importancia de saber esperar, porque hay otros que también tienen necesidades. Descubre que el mundo no es solo él, comprende su entorno social y familiar, y que las otras personas no están solo bajo su control ni para satisfacer solo sus necesidades. Crea la sensibilidad ante el dolor que puede ocasionarle a otros su conducta.

Esa consideración por el bienestar de los demás inicialmente se da porque sus padres lo obligan a esperar y a conducirse de una manera no egoísta. Cuando el funcionamiento del cerebro ya está más maduro la empatía por los demás se activa en la parte más sofisticada del cerebro, en la neocorteza y en el lóbulo frontal. Tomar en cuenta a los demás y ponderar las consecuencias de las acciones, es producto de la maduración emocional.

Cuando se recibe información a través de los sentidos, ésta se conduce directo al nivel primitivo del cerebro, luego se inhibe la reacción automática egoísta y, una vez asimilada la información, ésta se eleva al nivel superior en donde se ponderan todos los elementos involucrados. Por ejemplo, la necesidad inmediata egoísta, las consecuencias a corto y a largo plazo y las necesidades de los demás. Todo este ejercicio cerebral se lleva a cabo en niveles inconscientes y toma tan sólo segundos.

Para que este desarrollo normal y saludable surja, los padres deben facilitarlo según el bebé va creciendo y fortaleciéndose físicamente. Deben intervenir y aportar al proceso de satisfacer sus necesidades. Los cambios claves se reducen a reconocer que ya el bebé está lo suficientemente fortalecido como para esperar y acomodar sus necesidades dentro de la realidad de toda la familia, le van creando conciencia de las necesidades de los ademas e incluyendo cada vez más en la responsabilidad de cooperar por el bienestar de todos. Y, muy importante, le van enseñando a no depender tanto de otros y a ser independiente, a satisfacer sus necesidades sin que otros intervengan.

¿Cómo se desarrolla el vampiro?

El desarrollo emocional de Drácula se da de una manera diferente a lo ya descrito. Drácula llega al mundo en un hogar donde él será el rey. Sus padres lo reciben con entusiasmo, pero al mismo tiempo con inmadurez y poca educación o información acerca de la crianza saludable de sus hijos y lo engríen. Atrofian su desarrollo normal, porque temen a su sufrimiento o algún trauma; temen a que el llanto lo afecte de manera negativa y no permiten que nadie ocupe su primer lugar.

Son padres que se sienten culpables si no le dedican todo su tiempo y esfuerzos a mantenerlo sonriente y satisfecho. Sus vidas giran alrededor de su bebé y piensan que mostrarle amor es protegerlo de cualquier frustración o incomodidad. Mientras más hacen por complacerlo, más sentirán que lo aman.

A diferencia de otros padres, no sospechan ni pueden entender cómo tanto amor y devoción puede causarle daño. Por el contrario, si le notan algún disgusto o queja, se sienten responsables, piensan que han fallado y que su amor no es suficiente.

Desde niño Drácula presenta señales de egoísmo. Cuando se antoja de algo es insistente, y si no lo complacen, puede comenzar con rabietas. Es el niño caprichoso y voluntarioso, llora con facilidad y exige que lo mimen y lo complazcan. No comparte sus juguetes con los demás niños y tiende a ser agresivo cuando juega. Busca llamar la atención y pocas veces él acepta que a otros les den mejores atenciones. Aunque lo complazcan, siempre quiere más. En respuesta a todas esas conductas problemáticas los padres lo miman en lugar de corregirlo, lo que propicia que no supere sus actitudes infantiles.

De esta manera, el desarrollo emocional de Drácula se estanca y se queda muy corto en el proceso normal de maduración. Crece físicamente, pero no emocionalmente y, por eso, en su etapa adulta, mantiene una conducta egoísta e infantil. Sentirse bien depende de los demás y de las cosas que pueda obtener. No entiende el concepto de que "la felicidad está dentro de uno mismo".

Para Drácula, el auto de su antojo, la ropa, los zapatos, el apartamento, el bote, son los que tienen el poder de hacerlo feliz, por tanto deben obtenerlo y de manera inmediata. Fantasea y sueña con lo que representa su felicidad, pero, como todo niño, cree que no debe hacer nada para obtenerlo. Su función es antojarse, y el papel de los demás, complacerlo. Si su antojo no se satisface, él será infeliz y los demás, culpables por ello.

Una vez consigue lo que quiere es feliz, sonríe y se emociona; besa, abraza y luce agradecido. No le creas, esa felicidad le dura poco. Luego vendrá otro antojito que lo hará feliz. Actúa como el niño que abandona un juguete porque se antoja de uno nuevo y comienza otra vez el llanto y la insatisfacción. No recuerda que ya lo han complacido y reclama que no lo aman, que no lo complacen y que está abandonado. Drácula vive entre los gustos y los disgustos.

Emocionalmente es muy frágil. No maneja situaciones difíciles, les huye. No tiene habilidades para mantener un diálogo que no gire alrededor de él mismo. Tiene pocas herramientas para resolver problemas que surjan de otras personas, prefiere ignorar a alguien antes de ofrecerle disculpas. Utiliza a sus amistades y da muy poco a cambio. Puede que a los vecinos les ofrezca a ayuda para algo, y parezca, en el momento, como una persona generosa y buena, pero luego no cumple con lo ofrecido y se molesta cuando le reclaman.

Por su inmadurez es impulsivo, pero no es que él no piense antes de actuar o pedir. Drácula es muy calculador. Puede que antes de actuar considere las consecuencias inmediatas y de largo plazo para él. Solo piensa en cómo se ve afectado él mismo. La consideración empática, sin embargo, no existe. Drácula no es de preocuparse por los demás, tampoco de pensar si sus actos van a ocasionar daño o malestar.

Cuando hiere, no registra el sufrimiento ni el impacto que ocasiona en la otra persona, esa parte de su cerebro no ha sido desarrollada. Por tal razón, puede fallarle a su pareja en algo muy importante y minutos después actuar amorosamente, como olvidando lo sucedido. Encuentra exagerada e inapropiada la reacción y reproche de la persona a quien ofendió y no entiende por qué su pareja se resiste a seguir como si nada hubiera pasado. Pedir perdón debe ser suficiente para sanar la herida ocasionada y no tolera que su pareja no le brinde nuevamente todo su amor y le siga reprochando su falta.

¡Ah! Pero que no le hagan lo mismo a él. Se ofende con mucha facilidad y por más pequeña que sea la falta cometida, el daño es casi irreparable. Se pone de malhumor con mucha facilidad y es sumamente rencoroso. Por más arrepentimiento que muestre el ofensor, él no entiende ni acepta disculpas. Cada falta trae una deuda, que solo se alivia con el regalo de un antojo.

Drácula cuida mucho su imagen y, por lo general, puede

socializar de manera superficialmente elegante. De igual manera, su fórmula de seducción es muy sencilla. Se basa en que él ha descubierto el amor de su vida en el instante en que, por primera vez, surge el encuentro. La persona que lo atrae se convierte en un gran capricho, en el amor de su vida. De forma impulsiva proclama sin temor y sin vacilación su intención de conquistarla y ofrecerle felicidad eterna.

Con su acercamiento seguro, aunque atrevido, desarma y cautiva. Imagínate la escena: te acaba de conocer y ya sabe que eres su alma gemela. Y no solo eso, este personaje atrevido e imponente, sin importar circunstancia, declara que eres suya como si fueras un artículo a la venta en una tienda esperando a que llegue el comprador.

Presume que él, y no tú, es quien escoge, que tú no amas a alguien y que nadie te ama ni te amará como él. Lo que sería una intromisión, una falta de respeto, él lo puede hacer parecer una magia romántica. Su estilo puede ser suave y deslumbrante, pero es insistente y no acepta un no.

La insistencia y el afán por conquistarte son iguales de intensos que sus antojos y caprichos, pero duran hasta que los obtiene. Es un estilo adictivo. Así como Drácula necesita todos los días conseguir sangre nueva y no puede almacenar ni esperar, así son estos vampiros con sus antojos o adicciones. Viven sus deseos con urgencia y si no lo consiguen se descontrolan, hasta tornarse violentos.

La persona que tiene algún vicio o adicción, no importa si es al sexo, al alcohol, a apostar dinero, a las drogas, al trabajo, etcétera, es 'draculero'. Establece como prioridad en su vida conseguir su vicio, su vida gira alrededor de lo que, él entiende, le da vida y le ayuda a manejar sus tensiones y sus problemas.

El adicto piensa que sin su vicio no hay vida. No puede disfrutar la vida como quisiera. Cuando ya están más enviciados y la necesidad se agrava, puedes ver que todas sus energías y su dinero los utiliza para conseguir su vicio, y que sus actividades y amistades giran alrededor de su vicio.

Cuando no tiene acceso a su vicio se irrita y se descompone. Así como Drácula, se va debilitando si no encuentra una nueva víctima. Se convierte en una persona manipuladora que logra obtener lo que quiere sin mucho esfuerzo y sin que se den cuenta de lo que él está haciendo. Suele ser muy persuasivo, maneja un buen léxico y sus entretenidas historias disfrazan sus intenciones y su naturaleza.

Puedes sospechar que la persona que te pretende tiene una relación adictiva, si sigue los siguientes patrones: por ejemplo, si es al alcohol, en una conversación puedes escucharlo hablar de los tragos que se da cuando cena, que conoció a alguien en una barra, que discutió con su vecino después de tomarse unas cervezas, que cuando se siente cansado piensa en darse unas cervecitas bien frías, que los domingos le gusta hacer una barbacoa y tener la neverita con hielo y unas cervezas heladas, etc.

Si estás atenta advertirás que el alcohol está muy presente en su vida. No tienes que verlo borracho ni tampoco él tiene que beber todos los días para saber que es un adicto al alcohol. Si sales con él ¿cuántas veces lo has visto con un trago en la mano?, ¿cuántas cervezas bebe en el período en que tú apenas te tomas una?

Al igual que Drácula este hombre duerme de día y sale de noche a sus andanzas. La mayoría de las personas con vicios utilizan las noches para sentirse vivos. De día, en sus trabajos, se comportan diferente. Tienden a estar un poco apagados y se nota que para ellos es un esfuerzo cumplir y ser responsables. Además, les da ansiedad la hora de salida o el fin de semana.

No llegan a sus casas a compartir en familia o a cumplir con las tareas del hogar. Salen de sus trabajos y antes de llegar a casa acuden al bar o a lugares donde pueden eliminar tensiones, relajarse y pasarla bien. En el caso de los adictos al trabajo, prefieren quedarse solos en la noche en su oficina para que nadie los interrumpa para adelantar tareas. Lo curioso es que nunca adelantan, porque siempre hay que quedarse trabajando.

Otra manera clave para identificar un Drácula alcohólico

o adicto es observar si cuando tiene problemas bebe y cuando
bebe tiene problemas. El vicio se convierte en el consejero y en
la medicina. Cuando surgen problemas la solución inmediata
a las tensiones y al malrato es el vicio. Por otro lado, cuando
está activo en su vicio tiene problemas como accidentes de auto,
discusiones, alteraciones en su conducta, problemas económicos e
irresponsabilidades.

Recuerda bien que Drácula luce tener vida pero la realidad no
es esa. Lo que hace y con quién se relaciona tienen el propósito de
llenar sus necesidades, aunque deje a otros sin vida.

¿A quién escoge Drácula?

Para empezar Drácula es quien escoge. Todo intento de conquista
por parte de alguien que no reúne sus exigencias, obtendrá
indiferencia y un interés pasajero y efímero.

Drácula usualmente identifica, con mucha certeza, a mujeres
y hombres necesitados de amor, personas que todavía no saben
alimentar su amor propio ni su narciso sin la intervención de
otros; que no toleran la soledad, que necesitan del amor de otros
para sentirse dignos, parejas codependientes, adictos al amor
fantasioso y romántico. Personas que creen que el amor todo lo
perdona, todo lo da y que es de entrega total, que se conforman
con migajas.

Buscan a quienes están acostumbradas a dar mucho y recibir
poco a cambio de sus esfuerzos y atenciones por los demás.
Acostumbradas a que las utilicen y abusen de sus sentimientos y
buenas intenciones. Son personas ingenuas que prefieren perdonar
y olvidar a evaluar con malicia las acciones de los demás. Están
faltas de cariño y piensan que algún día llegará alguien que las
tome en sus brazos y les jure amor eterno. A aquellas que, en el
fondo, piensan que solo necesitan que alguien las ame, que alguien
las escoja o se antoje de ellas. Porque, lo demás, ellas pueden
lograrlo solas. Están esperando que alguien las descubra para darle

todo el amor que tienen para ofrecer y quién mejor que Drácula para ello.

Drácula busca personas ingenuas y crédulas, que lo dan todo porque son independientes en casi todas las áreas de su vida, excepto en la emocional. Le encantan las personas serias, organizadas, decorosas, exitosas, generosas, desprendidas y sobre todo, dadas al sacrificio por complacer a su pareja. En su perfil de candidatas busca personas con una baja autoestima, que no reconocen que son dignas de amar por si solas y que no necesitan "ganarse" el amor.

Son personas que se ofrecen completamente y de manera desprendida y generosa, porque confían en su poder de recuperación después de un gran sacrificio y más aún en su capacidad para sobrevivir. Cuando se habla de entregarlo todo, es todo. La víctima de Drácula echa a un lado toda su vida, amigos, familia, trabajo. Cuando su pareja le pide un tiempo para compartir, se lo dedica todo.

Cultivar las amistades no es importante para Drácula, por tanto le cuestionará el tiempo que su pareja les dedica. Con el propósito de acaparar todas sus atenciones buscará arruinar las relaciones que su pareja tiene con otros que no sea él. Una de las maneras más efectivas de hacerlo es poner en duda su lealtad: "Si realmente fueran tus amigos", "tú no te das cuenta, pero ellos te envidian", "ellos no quieren que seas feliz", "son muy egoístas contigo", "ellos me critican, porque no quieren que me dediques tiempo", etc. El resultado: al cabo de poco tiempo, no hay amistades ni familia.

El aislamiento es tal, que la víctima no se atreve a compartir con familiares para evitar que Drácula se moleste. Cuando empiezan las dificultades con él, ella no las comparte con su familia por no deteriorar su imagen y no provocar reacciones negativas hacia su pareja por querer protegerla y separarla.

Drácula escoge personas que no logran ver su egoísmo y que, de manera ingenua, no se dan cuenta de sus manipulaciones ni artimañas. Él escoge a quien se crea el cuento de que su egoísmo es amor y que él la ama de manera única y especial.

¿Cómo lucen sus víctimas?

Recuerda que Drácula es narcisista y requiere muchas atenciones, por ello busca parejas que tengan mucho para ofrecer. Esta debe lucir económicamente estable y de un nivel más alto. Él busca personas bien vestidas, con un estilo sobrio y poco llamativo. Un estilo clásico, pero no pobre. Supone que el pelo revuelto o la vestimenta desaliñada son señales de inestabilidad emocional o de poca fortaleza para el manejo de situaciones sencillas y por eso no se siente atraído.

Tampoco se interesa en personas seductoras porque para eso está él. Si Drácula te escoge es para que te sientas agraciada y derives tu felicidad al mantenerlo interesado en ti. Es para que entiendas que el favor te lo está haciendo él al escogerte. La realidad, sin embargo, es que Drácula no le resuelve nada a nadie excepto a sí mismo.

La apariencia debe reflejar salud física. No puede haber señales de ser una persona enfermiza que requiera de cuidados especiales o que por problemas de salud no pueda satisfacer sus propias necesidades ni las de él.

Aunque no necesita lucir como persona dulce y cariñosa, es importante que no se vea agresiva ni decidida. Gestos y ademanes que denoten fortaleza o malicia social, son criterios de exclusión inmediata. Sus posturas físicas al andar, al ponerse de pie, al sentarse, deben proyectar debilidad de espíritu, mas no de carácter.

Para Drácula, la persona que luce a la defensiva e insegura al acercársele un pretendiente, le suena a abandono emocional y necesidad de ser querida. Lo interpreta como presa fácil y no como persona a quien él vaya a sanar y rescatar con su amor. Para él, su presa es la persona que luce tímida y que tiene poco contacto visual. Aquella persona que se sienta alejada de otros en un rincón o en una esquina de la mesa, resulta mucho más atractiva que la que está rodeada de amistades y cuyos gestos denotan soltura, flexibilidad y seguridad.

¿Quiénes son las víctimas?

La víctima suele ser una persona cuya independencia emocional y social es tal que sus hábitos bien establecidos logran llenar sus necesidades básicas con poco esfuerzo. Habitualmente son muy organizadas, anticipan situaciones y planifican para evitar problemas; buscan personas que administran muy bien su dinero. Sus buenos hábitos logran conservar los objetos que adquieren y son de muy pocos caprichos. Establecen sus prioridades y en ellas invierten su dinero y energía.

Para Drácula, todo lo que su víctima haga por placer para ellas mismas, lo ven como frívolo e innecesario.

En el aspecto social e interpersonal son personas queridas que por diferentes razones no eran las escogidas, que no tienden a tener muchos pretendientes. Personas que no se creen las más atractivas, que otros las aprecian como amigas, pero no las escogen como parejas. Son las 'Bettys' y las 'intelectuales' que socialmente nunca fueron las almas de la fiesta. Por no haber tenido mucha experiencia en el amor, están "cruditas" y hambrientas de afecto, a pesar de la apariencia de ser secas y de no tener emociones.

La víctima parece no tener necesidad ni interés en el amor. Tiende a ser muy analítica y lógica, no practica el manejo saludable de sus necesidades emocionales. Además, suele dedicarse a acompañarse y distraerse con su trabajo y sus deberes. Se entretiene con sus quehaceres y buenos hábitos y con los logros que adquiere al emplearlos. Drácula despierta en ella sensaciones tanto físicas como emocionales, que no han sentido por estar ocupadas en llevar una vida "ordenada".

Sin embargo, son personas muy sensibles y frágiles, que a

pesar de la apariencia de fortaleza, se derriten ante acercamientos emotivos y seductores. Frases cursis y detalles, que para otros serían expresiones burdas y poco sofisticadas, ellas las encuentran especialmente románticas. Lo que a otros les produciría incomodidad y desconfianza por lo precipitado e íntimo de esas expresiones, a sus víctimas les parece normal. No detectan el peligro y mucho menos tienen herramientas para defenderse.

Cuando Drácula se le acerca a su víctima y la mira de forma penetrante a los ojos, ella no se lo espera. Esa mirada hipnotizante de él la envuelve, la estremece y la intranquiliza, pero la hace sentir viva. Produce en ella una mezcla de miedo, inseguridad y excitación: "Hubo algo en su mirada que me intranquilizó desde el momento en que lo conocí. Ya sabía que mi vida no iba a ser la misma". La mirada de Drácula la desarma y la debilita. Esa mirada no es sensual ni grosera, es una mirada que le produce una flojera espiritual que le quita las fuerzas para defenderse.

Luego de mirarla fijamente le anuncia: "Supe que serías para mí, la mujer de mi vida, desde el instante en que te vi". Cuando ella escucha esta frase no la cuestiona, al contrario, se emociona y se enamora. ¡Caramba! ¿Quién se creería hoy ese cuento de hadas?, ¿cómo es posible que con solo mirarla, haya tomado una decisión tan trascendental? Por otro lado, ¿cómo va a presumir que ella está disponible? ¡Qué falta de respeto es hacer un acercamiento tan precipitado!

Su víctima, a pesar de su inteligencia en otras áreas, es muy ingenua. En vez de cuestionarse las intenciones y la sensatez de ese acercamiento, se deja llevar por la emoción y la magia que siente al ser escogida. Ella lo interpreta como algo especial. Esa magia especial de Drácula es la de hipnotizar a su escogida y dejarla sin voluntad propia y débil ante sus encantos.

Ella no se da cuenta del poder que él va tomando sobre ella. No se da cuenta de que él la va controlando. Por eso cuando la invita a cenar sin preguntarle primero su disponibilidad y luego, cuando le pide del menú lo que él entiende que ella debe comer, lo interpreta como interés en agradarla y no como una intromisión y una manera de controlarla.

Otro ejemplo: puede invitarla a una actividad y de manera sencilla pedirle: "Quiero que vayas con un vestido verde, ese color en ti me encanta. Me gusta como te queda tu pelo recogido, siempre que salgas conmigo arréglatelo así". Ella interpreta sus pedidos y acciones como atenciones especiales y lo mira como un hombre de detalles.

Otra mujer pudiera darse cuenta de que él está tomando decisiones por ella y pudiera darse cuenta que cada vez más la voluntad de él es la que impera. El estilo de Drácula es absorbente. Ya, desde los primeros encuentros, él logra desordenar su rutina. La seducción de Drácula va logrando que su víctima ceda tanto su voluntad que lo que antes era importante para ella deje de serlo más adelante.

Te daré algunos ejemplos adicionales. Puedes decidir faltar a tu trabajo porque él de repente te llama para invitarte a un día de playa. Puede retenerte hasta muy tarde en la noche "enamorándote", sin pensar en que es tarde para que estés en la carretera. Tampoco piensa que al otro día tienes que madrugar. Te puede llamar varias veces al día para decirte que está pensando en ti, sin tomar en cuenta que te está interrumpiendo y puede afectar tu empleo con distracciones y ausencias.

Si él se antoja de estar contigo, o se encuentra solo, te llamará para entretenerse. Tú, por otro lado, interpretas sus frecuentes e impredecibles acercamientos como el fuerte interés que tiene él hacia ti. Ahora te contaré la vivencia de una mujer muy exitosa que terminó siendo víctima de un "vampiro":

> Después de que ella asistiera a una actividad social, en la que él se le acercó al estilo de Dracula y comenzó a enamorarla, éste la llamó en varias ocasiones y la invitó a cenar y al cine durante la semana. A días de ese primer encuentro, en una cena en un lugar romántico, él le propuso viajar a

Europa y puso sobre la mesa los pasajes -ya pagos-,
con fecha de salida y de regreso. Él había escogido
los lugares que visitarían. Le prometió que sería
una experiencia inolvidable para ella. ¿Cómo
iba a rechazar tal invitación? Todos le decían
que era una locura y un riesgo porque apenas lo
estaba conociendo. Ella decidió irse a pesar de lo
descabellado que le parecía la aventura, porque lo
vio tan entusiasmado que no quiso decepcionarlo.
Disfrutó la aventura, a pesar de que se sentía como
si la hubieran secuestrado. Todo era él y para él,
tanto que ella no tuvo un momento para pensar en
su familia ni reportarse. Cuando ella quiso llamar a
su trabajo para dar aviso, él le suplicó que no dañara
lo especial del momento con asuntos laborales.
"Ellos pueden esperar por ti", le indicó con una
seguridad que logró convencerla. Cuando regresó
de Europa la despidieron de su empleo por haberse
ido de manera abrupta y sin planificación.

Esas invitaciones inesperadas y las llamadas constantes
lograron que ella pusiera su vida en espera para poder estar
disponible cuando él la buscara. Mientras otros se mantendrían
firmes por defender sus necesidades y cumplir con sus obligaciones
y responsabilidades, la víctima de Drácula cede y se deja llevar.
Aún cuando su buen juicio le dicta que haga lo contrario a lo que
él le propone, lo complace. Por un lado, no tiene las fuerzas para
defenderse y, por otro, no quiere echar a perder lo que pudiera ser
el amor de su vida. Teme que si no lo complace él se molestará o la
dejará de querer.

Si él queda mal con ella (que llegue muy tarde a una cita o que
se le olvide por completo), su reacción es muy diferente. El no se
disculpa por fallarle y ella no le recrimina la falta. Ella aceptará las
excusas que él le ofrezca y buscará justificarlo y comprenderlo con
tal de no confrontarlo y evitar conflictos.

Drácula escoge a la mujer que, además de ser muy comprensiva, no le guste confrontar ni reclamar con tal de no lastimar al otro y, por lo tanto, no exige ni se defiende cuando él hace algo que a ella le moleste. Aunque reconozca que le han fallado, no hace nada si piensa que su acción le traerá malestar al otro. Por el contrario, sufre el agravio original y la vergüenza ajena que sufrirá su víctimario si ella toma acción para reprocharle. En segundos, analiza quién es más fuerte y quién tiene más recursos, piensa en una relación a largo plazo, piensa que la persona pudiera enojarse y decidirse por terminar la relación. Y, en conclusión, opta por no hacer nada en su favor y sacrificarse en el intento.

En muy poco tiempo Drácula encontrará que la mujer que selecciona estará dispuesta a dejar de ser ella, para complacerlo en todo lo que ella pueda y a poner en sus manos sus bienes y sus recursos. Todo eso lo obtiene sin tener que dar mucho a cambio. Sólo tiene que mirarla a los ojos y decirle que la ama y que quiere estar con ella para siempre.

¿Qué hacer?

Míralo y obsérvalo bien, pero de lejos. El error más grande de las víctimas de Drácula es que se dejan llevar por su ingenuidad. Ccomo son exitosas, decididas y fuertes para muchas cosas, creen que pueden protegerse de alguien que les quiera manipular en el amor.

Primero, no te le acerques ni lo mires a los ojos. Cuando lo veas venir no lo enfrentes. No tienes el poder emocional para protegerte. Si lo tuvieras, él no te escogería ni se te acercaría. Si te escogió es porque él ya sabe que te puede dominar. Aunque tengas dudas y te sientas tentada no te arriesgues. No tienes idea de la tragedia que te espera.

Segundo, Drácula no tolera lo espiritual. Pensarás que la cruz que intimida a Drácula es la religión y la fuerza divina. En realidad, Drácula lo que no resiste es el poder que identifique el mal que hay detrás de su apariencia encantadora. La ceguera que produce su arte para engañar es lo que lo fortalece. Una vez puedes ver a través de su seducción y su artimaña, la maldad y el peligro, también podrás ver su debilidad, fragilidad y egoísmo. Podrás evidenciar que es él quien te necesita, quien no puede vivir sin ti y tú eres quien tiene todo el poder.

¿Cómo puedes descubrir su engaño? Hazle preguntas incisivas. Pídele que te hable de su vida, de su trabajo, de sus relaciones anteriores, dónde compra su ropa, cómo logra lucir tan bien, dónde están sus exparejas. Las respuestas serán evasivas. Te contestará con poca información y contradictoria. Insiste en que te aclare esas contradicciones.

Con sus reacciones de incomodidad busca lograr que no te atrevas a seguir preguntando, sentirás que estás siendo imprudente, culpable de dañar el ambiente romántico con tus preguntas. Tal vez te dirá que es muy doloroso hablar de su pasado, que en otro momento te lo contará todo, que a nadie le ha hablado de sus secretos, pero que en el momento adecuado a ti sí te lo contará.

Hazle preguntas sobre la forma en que maneja sus problemas, sobre qué hace cuando las cosas no son como él quiere, cómo se relaja después de un día de tensión y sobre cómo maneja su dinero. Observa el nivel de vida que lleva y evalúa bien si sus ingresos le permiten darse la vida que se da. Probablemente encontrarás que alguien tiene que estar subsidiándolo o ayudándolo.

Si insistes en que él te explique los detalles de lo que a ti te parece sospechoso encontrarás que se irrita. No le gusta. Lo enojas. Lo perturbas. Si aún insistes e intentas profundizar en quién es él realmente, Drácula verá la cruz que llevas en tus manos y en tus ojos. ¿Sabes algo? Pronto dejará de llamarte y buscarte.

Puede que sea más hábil aún y te diga que primero quiere conocerte, que tu vida debe ser más interesante, que quiere aprovechar el tiempo y compenetrarse contigo. No importa la razón que te dé, el resultado siempre será el mismo. Tendrás muy poca información sobre él.

La clave para protegerte de que algún Drácula te hechice y se apodere de tu vida es simplemente descubrirlo. Su poder no existe. Es una ilusión que él crea en su víctima. Te hace pensar que él es el único que podrá lograr tu sueño de ser amada y te hace creer que sin él no podrás vivir. Una vez logres ver su egoísmo y su naturaleza peligrosa no podrá dominarte con su encanto. Sus palabras y acciones no podrán controlarte ni lograrán que lo aceptes de nuevo. Podrás entender que su poder no es real. Tampoco lo es el amor que dice sentir. Entonces, cuando se te acerque, le podrás hacer la señal de la cruz y él se alejará.

¿Cómo es la vida junto a Drácula?

Inicialmente, parece traer vida y alegría. Sin embargo, rápidamente va adueñándose de su víctima. Utiliza todos sus recursos, dinero, crédito, bienes, contactos, talentos, etc. Se surte de todo lo que encuentra. Identifica la manera de contarle las cosas a su pareja de tal forma que ella puede entender lo que él quiere y sus antojos sin verbalizar abiertamente su solicitud.

Su pareja, al escucharlo, hace lo necesario por complacerlo hasta ir gastando sus recursos sin reponerlos: los préstamos no los paga, el dinero que se gasta no se repone, el crédito que se obtuvo no se cumple. Siempre hay algo más que necesita o quiere. Siempre le surgen nuevos problemas que ella le resuelve. La tranquilidad que ella espera nunca llega porque él siempre necesita más. La mujer le "sirve" en sus necesidades incluyendo en el sexo.

Cuando acaba con los recursos de su víctima, él logra que ella se valga de amistades y de familia para poder complacerlo y que, en contra de su buen juicio, toque a la puerta de aquellos que él menosprecia. Y ella, que anteriormente no dependía de nadie para hacer vida, se humilla ante y para él.

Drácula logra que sus parejas se conviertan en despojos humanos, opaca su personalidad, le quita todo lo que la nutre emocionalmente y le drena sus energías y sus recursos. Al principio, provee momentos apasionados y románticos, pero al cabo de un tiempo, y cuando ya su víctima está atrapada, su egoísmo se convierte en maltrato emocional y físico.

En su trato diario él le crea altos grados de inseguridad. Le cuestiona sus decisiones y enfatiza sus errores. Sus reclamos van acompañados de frases que aluden a la falta de inteligencia, de destrezas, de belleza y todo lo que pudiera hacerla sentir insegura ante la vida. Drácula va adoctrinándola y debilitándola de tal manera que ella no se imagina sin él, aunque esté sufriendo a su lado.

Drácula indispone a su pareja con los demás y le hace abandonar las relaciones con otras personas incluyendo a su familia. En ese ambiente de aislamiento e inseguridad ella se va deteriorando emocionalmente hasta llegar a una depresión profunda y crear una adicción emocional que no le permite soportar la mera idea de estar sin él.

La menospreciará y denigrará con ofensas e insultos que atacan su autoestima. Demostrará que ella no sabe tomar decisiones, que no puede vivir sin él. Cuando ella le pida que le responda como pareja, la hará sentir que está exigiendo demasiado y que sólo logrará que él la abandone. Él promueve la impresión de que le está haciendo un favor al estar junto a ella y sus amenazas se fundan en el abandono, hasta llegar a provocarle grandes crisis de inseguridad y ansiedad que le reafirman su codependencia.

Drácula no es fiel y cuando ya tiene dominio sobre su pareja no le importa mantener ocultas sus andanzas. Humilla a su pareja al compararla con otras en cuanto a proezas sexuales, le acusa de no satisfacerlo en la cama y es por eso que busca a otras mujeres. El Drácula tranquilo y pausado se convierte en un ser maltratante que desarmará a su pareja para que ella no tome acción por sus infidelidades y atropellos.

El personaje de Drácula logra que su esposa se convierta también en una vampira. En otras palabras, que ella luzca estar viva cuando en realidad no lo está. La esposa de Drácula, inicialmente atractiva, con el tiempo va mostrando las señales de maltrato. Va deteriorándose, luce avejentada, enfermiza, sin brillo ni vida en su mirada, su apariencia denota descuido y falta de interés en lucir atractiva. De ser una persona independiente y fuerte, pasa a ser una mujer con muchas inseguridades y una pobre autoestima. El amor que él le ofrecía no existe y ella va descubriendo que Drácula no puede amar. Aunque le diga que la ama, sus acciones demuestran todo lo contrario.

Aunque parezca que viene a traerte el amor a tu vida,
a lo que viene es a chuparte (a dejarte sin) la vida.

Señales de alerta

- Tiene gustos exquisitos.
- No le gusta esperar.
- Insiste en sus antojos.
- Sus reacciones emocionales son intensas.
- Viste a la moda.
- Tiende a buscar entretenimiento y actividades. Siempre quiere pasarla bien.
- No planifica a largo plazo.
- No le gustan las conversaciones de temas serios o profundos.
- No es de sacrificarse ni pasar mucho trabajo.
- Es cómodo.
- Es impulsivo. Actúa, luego piensa.
- Es propenso a algún vicio (alcohol, cigarrillo, juegos digitales, apuestas, internet, compras, etc.)
- Es egoista

DR. JEKYLL & MR. HYDE

Dr. Jekyll y Mr. Hyde es un clásico del cine de terror en que un mismo hombre presenta dos personalidades. La historia ilustra la vida de un científico que experimenta con la naturaleza humana. En la película él se inventa una fórmula química para separar los aspectos negativos del hombre, el coraje, la lujuria, la envidia, etcétera, y de la parte positiva, como la nobleza, la generosidad y los grandes valores.

Él supone que, al separar estas dos partes, facilitará el triunfo del bien sobre el mal. Uno de sus colegas le advierte que podría suceder lo opuesto: que la parte negativa se convierta en un monstruo y destruya todo lo bueno que hay en la persona. Él insiste en tener la razón y a escondidas se toma el brebaje. La reacción que le produce es lo impactante de la película.

Cuando Dr. Jekyll se toma la poción, su cuerpo sufre una transformación. Las cejas se tornan abundantes y las manos se hacen más ásperas y velludas, luce más musculoso y fuerte. La primera noche que esto ocurre, se viste de galán y va a un burdel, pide el mejor vino y coquetea con la mujer más atractiva.

Esa primera noche es una noche de placer y lujuria. Cuando despierta al otro día, sigue vestido al estilo de Mr. Hyde y sabe que algo debió ocurrir la noche anterior, pero no lo recuerda en detalle. El Dr. Jekyll se toma el brebaje para darle permiso a Mr. Hyde de manifestarse más atrevido. Las andanzas de Mr. Hyde, inicialmente, son para darse los gustos que el Dr. Jekyll, con su seriedad, no se permite.

Mr. Hyde se convierte en la persona que alegra el burdel y que complace a las mujeres y las enamora. Todo parece andar bien hasta que empieza a tener conflictos con los demás clientes del burdel y cuando siente celos de la mujer con quien él comparte en el burdel. Muy distinto a la manera controlada del Dr. Jekyll, Mr. Hyde se violenta. En una escena en que él le reclama a la mujer acerca de sus celos, él termina golpeándola de manera despiadada.

En otra escena, se encuentra a uno de sus colegas que le criticaba como científico y le propina una brutal paliza con su bastón. Mr.Hyde se convierte en un hombre maltratante que insulta, se burla y humilla a los demás e, incluso, a su otra personalidad. Sí al principio es apasionado e intenso, al incluir su coraje y crueldad, se convierte en un asesino despiadado que ya el Dr. Jekyll no puede controlar.

La buena intención original del científico de separar lo bueno de lo malo en él para erradicar de su personalidad la ira y el maltrato emocional, se transformó en una pesadilla fuera de control. Al final, fue preciso matar a Dr. Jekyll para eliminar al monstruo de Mr. Hyde.

¿Quién es Dr. Jekyll & Mr. Hyde?

Hay personas que como el Dr. Jekyll la primera impresión que dan es todo lo contrario a lo que realmente son, pero eso lo descubres más tarde. Lucen tímidas, reservadas y muy apropiadas, pueden parecer personas que no rompen ni un plato, hablan de valores y cosas agradables de la vida, dan la impresión de tener un carácter sereno, tranquilo y que mantienen en orden su vida. Esta forma de comportarse es la que más se muestra.

El Dr. Jekyll es callado, serio, aislado; no se proyecta amenazante, por el contrario, luce atractivo, sin querer llamar la atención. Participa socialmente con una conducta muy apropiada. Puede conversar tranquilamente y mejor aún si se trata de su trabajo. Comparte con bromas y chistes, pero sin querer convertirse en el centro de atracción, pues no es extrovertido ni pretende ser el alma de la fiesta.

Sí puede acompañarte y formar parte del grupo, sin embargo, no es de hacer acercamientos ni de aventurarse a conocer personas nuevas. Su apariencia inhibida y tranquila atrae a personas que prefieren compartir tranquilamente. Es intelectual, inteligente, bueno en su trabajo. Prefiere labores de poca interacción con otras personas, se inclina por los libros, las computadoras y los cálculos, puede lucir un poco torpe, pero en palabras más exactas, es cauteloso.

En caso de que te acerques a él y le demuestras interés, querrá complacerte y su trato hacia ti será un tanto seco y tímido, pero atento. Él no te haría ningún desaire, aunque se sienta incómodo con tus acercamientos. Esa parte de su personalidad es muy correcta. No toma la iniciativa de acercarse a ti por temor a que lo rechaces o porque no es muy diestro en el tema de seducir y enamorar.

Su otro yo, Mr. Hyde, es la personalidad opuesta. A Mr. Hyde le gusta llamar la atención, seducir y coquetear, sin timidez ni inhibiciones. Habla en voz alta, ríe fuerte y llama la atención. Luce un tanto exagerado y es muy intenso al mostrar sus emociones, tanto que resulta ser apasionado y, al mismo tiempo, histérico.

Provocarle coraje a Mr. Hyde es arriesgarse a escuchar de él las ofensas más hirientes y los insultos más denigrantes. Su coraje lo torna violento y golpea sin piedad, no mide su fuerza y golpea sin medida hasta saciar su rabia. El hombre apacible que no cree en la violencia y luce hasta débil, se transforma en el agresor que grita y ofende, que acusa sin sentido y de manera despiadada, tira puertas, rompe objetos, empuja, abofetea, pega puños, patea, apuñala y tirotea hasta matar.

El Dr. Jekyll domina muy bien el intelecto y la razón. Quisiera ignorar esa otra parte de su personalidad oscura y descontrolada y muchas veces tiene poca conciencia de su otra personalidad agresiva. El Dr. Jekyll puede tener todo bajo control, al igual que una persona obsesiva compulsiva. Por ejemplo, el gabinete de la cocina puede estar organizado por orden alfabético y por tamaño; el clóset, por colores y piezas de vestir.

Mr. Hyde, así como lo describe su nombre, se esconde. Pero no es que se esconda voluntariamente, sino que se mantiene bajo control y encerrado. Por tanto, no lo reconocerás desde el principio porque cuando el Dr. Jekyll está en plan de conquista su objetivo es comportarse lo mejor posible y enamorarte. El monstruo que lleva dentro saldrá luego, cuando haya más confianza.

Como regla general, puedes adivinar la magnitud de ese monstruo sin haberlo visto. Mientras más pulcro, ordenado, conservador y atractivo sea el Dr. Jekyll, más feo y temeroso es Mr. Hyde. Los extremos en su personalidad responden a que uno de ellos se dedica a pensar y no se conecta con sus emociones y el otro, prefiere sentir y dejarse llevar por lo emocional.

EL Dr. Jekyl es el intelectual y Mr. Hyde, el emocional. Cuando el Dr. Jekyl no puede manejar, de manera intelectual y racional, las situaciones que le provocan reacciones emocionales, pierde control sobre Mr. Hyde. La aparición del monstruo que lleva dentro la mayoría de las veces se da con impulsos de frustración y coraje, porque Mr. Hyde también gusta de vivir situaciones y sentir placeres que Dr. Jekyll no aprueba.

¿Por qué son así?

La persona que posee las características del personaje del *Dr. Jekyll & Mr. Hyde* pudo haber sido víctima de maltrato físico y emocional y abuso sexual en la niñez. Una de las maneras en que los seres humanos nos protegemos para no sufrir es echar a un lado las emociones producto del maltrato.

En su infancia, cuando surgían incidentes de conflicto, se desconectaba de sus emociones para aislar todo sufrimiento. Para desconectarse de lo real, se enfocaba en sus pensamientos y en el análisis de un mundo ideal y ficticio donde no existiera la violencia y el orden imperara. Ya maduro, aunque su mente la ocupa con esos pensamientos, el coraje, el miedo, la frustración o tristeza que le causan los otros incidentes los deja a su otro yo.

Es como si se dividiera en dos: una parte huye y escapa; la otra, se queda y soporta el maltrato. Aprendió temprano en la vida a no llamar la atención ni estar en medio de nada, a mantenerse callado y a decir lo mínimo. De esa forma esquivaba la ira de quien lo maltrataba y evitaba las situaciones de peligro, apartándose y aislándose.

El problema de esa estrategia es que cada vez que le surgían situaciones de maltrato o que le provocaran coraje y miedo, se desconectaba y dejaba que su otro yo actuara en el momento y luego volvía a encerrarlo. Se desconectaba de esa parte que estaba compuesta de las emociones dolorosas e intensas con las que se sentía impotente, pero al aislar esas emociones negativas también aislaba sus emociones, que lo regocijaban.

El niño que opta por utilizar un *switch* que prende y apaga las emociones, no tiene la capacidad de discernir entre todo el cúmulo de emociones que tiene que controlar de esa manera. Ese *switch* no es muy sofisticado y al apagar una emoción las apaga todas.

Los incidentes aislaron y alimentaron al monstruo con coraje y frustración. El Dr. Jeckyl no permitió que Mr. Hyde se beneficiara de experiencias emocionales positivas, como la de recibir amor por parte de otros miembros de su familia y, peor aún, el monstruo encerrado en su jaula, aprendió las conductas que lo victimizaron.

La personalidad víctima tenía solo permiso para manifestarse cuando surgían incidentes de maltrato. Una vez terminado el incidente Mr. Hyde se escondía nuevamente y se llevaba con él recuerdos claros y vívidos de las conductas violentas y maltratantes. En su grabadora mental solo depositaba esa conducta y realidad como la única posible, porque la conocía y reconocía como si fuera originalmente suya, la auténtica.

Por otro lado, la parte de Mr. Hyde no se desarrolla ni madura al ritmo del Dr. Jekyll, porque ha sido coartado y, por tanto, cuando se manifiesta luce como un niño, su lenguaje es muy inmaduro, con aires de ternura y fragilidad. Esto responde a que no le han permitido exponerse a experiencias que lo maduren y es socialmente torpe. Incluso, luce más genuino que el Dr. Jekyll, quien es más reservado y comedido y, en ocasiones, su ternura despierta deseos de protegerlo. Mr. Hyde puede llorar con intensidad, el Dr. Jekyll no.

A Mr. Hyde lo tienen encadenado, pero no inconsciente; sabe que existes y te conoce. Mientras el Dr. Jekyll te enamora, Mr. Hyde te observa y lo hace con pasión y con deseos de llenar contigo sus vacíos y soledad. Es apasionado, pero su intensidad responde más a su encarcelamiento que a un amor sincero y profundo. De vez en cuando notarás esa intensidad en la mirada del Dr. Jekyll, en un gesto, abrazo o en un apretón de manos más fuerte de lo usual. Ese es el Mr. Hyde queriendo tocarte y acercarse a ti. No podrá hacerlo como quisiera porque la parte del cerebro que ocupa Dr. Jekyll es muy fuerte, controladora y vigilante.

¿Cuándo verás a Mr. Hyde?

Cuando el Dr. Jekyll pierda el control. No será por tu provocación, surgirá cuando Dr. Jekyll esté cansado, confundido, tenso y con mucho trabajo. Cuando no tenga las fuerzas para mantener amarrado a su otro yo o cuando en una situación baje la guardia y se le escape Mr. Hyde. Controlar su coraje y sus emociones es una tarea de 24 horas que requiere mucha energía y que bajo condiciones normales lo hace sin problema. En el periodo de conquista no vas a verlo descontrolado, pero cuando se sienta débil y pueda lucir mal ante ti el Dr. Jekyll desaparecerá.

Al principio de la relación podrá retirarse y guardar distancia por algunas horas o días porque todavía ustedes no están compartiendo mucho tiempo y puede justificar su ausencia con facilidad: "No te he llamado, porque he tenido mucho trabajo", "me enfermé y me quedé en casa recuperándome", "tengo muchas presiones ahora, ¿qué tal si te llamo la semana que viene?". Sutilmente te está advirtiendo que no quiere que estés cerca cuando él está mal. No quiere que lo veas en ese estado.

Te parecerá normal su distancia y aceptarás lo que te está pidiendo y la próxima vez que te hable o que lo veas lo encontrarás renovado, como si nada hubiera pasado. Se acercará a ti tranquilo y con energía. Quizás no te llame la atención su distancia, pero detente y piensa que cuando las personas normales se sienten mal es cuando más quieren que las acompañen y que las mimen. ¡Ojo! ¡Alerta Roja!

Según vayan compartiendo, más señales surgirán. Por ejemplo, es posible que en una salida al cine ocurra algún incidente en el que puedas ver algo de Mr. Hyde. Si están en la fila esperando para entrar a ver una película y alguien pasa por su lado y se tropieza, este personaje se voltea y responde de manera agresiva e intensa: "Oye, mira bien por dónde caminas, quién te crees que eres, no te metas conmigo o te va a ir muy mal. A mí nadie me atropella sin que le vaya mal...".

La reacción tan agresiva no guarda proporción con lo que ha pasado. En otra ocasión puede que esté en el auto conversando tranquilamente y de momento alguien se le cruza de forma inesperada, él se agita, baja la ventana, grita y amenaza al del otro auto. En su coraje, le pega puños al volante y al interior de su auto. Se ve con mucha rabia y descontrolado. Cuando se da cuenta de lo que ha hecho trata de justificar su conducta y poco a poco vuelve a comportarse.

Los anteriores son incidentes en los que él reacciona de manera descontrolada por situaciones o provocaciones que no tienen que ver contigo. Tal vez te tranquilice explicándote que contigo no lo haría. Tu le creerás.

Es mucho más probable que te encuentres a Mr. Hyde por primera vez en la intimidad. Cuando el Dr. Jekyll baje sus defensas al hacer el amor verás las primeras señales de esa otra personalidad. Así como te lo estoy diciendo, es posible que la primera vez que registres la presencia de Mr. Hyde sea en la cama, en la intimidad sexual con Dr. Jekyll.

Aunque a la cama te lleve el Dr. Jekyll y seas tú quien lo dirija por su timidez y pasividad, es en esos primeros encuentros sexuales que notarás la presencia de otra energía. No la sentirás amenazante, al contrario, te sorprenderás al sentir una pasión o intensidad que no esperabas. Quizás te dé un beso apasionado, te agarre con fuerza el cabello o te lo hale bruscamente.

Puedes sentir que se estremece y que casi pierde el control. Ese cambio de intensidad lo podrías atribuir a la atracción que él siente por ti o pensar que él se está dando permiso para ser más espontáneo contigo, pero el problema es que no es una expresión íntegra, sino lo que su otro yo siente.

Déjame explicarte bien el peligro de Mr. Hyde: cuando una persona se deja ver porque ya se siente en mayor confianza o porque le facilitan ser más genuino, todo su ser se abre ante ti y eso no es lo que ocurre con Mr. Hyde. Él solo aparece cuando el Dr. Jekyll desaparece, porque ellos no conviven ni comparten. Mr. Hyde aparece cuando el Dr. Jekyll flaquea y le permite manifestarse a plenitud.

Inicialmente esos lapsos serán muy breves y verás rápidamente al Dr. Jekyll recobrar el control. Lo sentirás ponerse rígido y trinco como con un poco de vergüenza y temor, puede incluso llegar a interrumpir la actividad sexual y alejarse físicamente de ti. Buscará recobrar el control en esa distancia física con un cigarrillo o un vaso de agua. Cuando regrese a tu lado no quedará rastro alguno de esa energía impulsiva que por un instante detectaste.

En la medida que continúes compartiendo con el Dr. Jekyll y él vaya teniendo confianza contigo, comenzarás a ver algunos exabruptos de coraje y conducta agresiva, contrariedades o pequeños incidentes de abuso que le sacarán el monstruo de vez en cuando. Utilizará frases soeces y se comportará diferente a su forma típica de ser. No será contigo el coraje, pero será tan intenso que te asustará.

Ese es Mr. Hyde y es un monstruo de verdad. No solo tú serás su víctima, también el Dr. Jekyll. No le cojas pena ni despiertes el deseo de rescatar al Dr. Jekyll ni al tierno e infantil Mr. Hyde. Por más que descubras vivencias de su niñez en las cuales fue víctima de atropellos físicos y mentales que justifiquen su coraje y su agresividad, esa personalidad es monstruosa, un peligro emocional y físico.

Mr. Hyde no tiene el control ni los modales del Dr. Jekyll, y cuando se manifiesta es porque se siente amenazado y en peligro. Mr. Hyde no sale para tener un diálogo revelador, mucho menos para negociar. Cuando Mr. Hyde sale es para agredir y atropellar sin piedad. Solo se detendrá cuando haya desahogado toda la emoción que llevaba internamente. No querrás ser el objeto de su descarga. Te puede matar.

¿A quién escoge?

La selección de pareja es un proceso mutuo. Aunque Dr. Jekyll no es una persona seductora o que disfrute de llamar la atención, su forma reservada y "controlada" atrae a personas que buscan paz y tranquilidad en una relación de pareja. Este personaje tiende a atraer personas que de manera ingenua interpretan la sobriedad y timidez de Dr. Jekyll como fortaleza y señal de madurez y autocontrol.

Hay algunos Dr. Jekyll que lucen emocionalmente elevados por su trabajo profesional tales como, científico, profesor, médico, arquitecto, en los que se destacan y proyectan ser eruditos o altruistas y generosos, que atienden y entienden intelectualmente las necesidades de comunidades y grupos especiales.

De igual manera, se siente atraídos por personas que se proyectan serias, reservadas, sobrias e intelectuales que parecen estar en control. No se acercan a personas con apariencia violenta, voluntariosa, caprichosa o egoísta. Personas muy emotivas, muy alegres, muy tristes o muy miedosas no les atraen.

¿Quiénes son las víctimas y cómo lucen?

Mujeres atractivas, pero no sensuales ni a la moda; mujeres inteligentes, pero no arrogantes ni imponentes; suaves en el trato, pero que se proyecten moldeadas; mujeres independientes y capaces, pero dispuestas a someterse y dejarse llevar; mujeres eficientes, pero dispuestas a asumir un rol sumiso, con el interés de que su pareja las proteja de situaciones difíciles y dolorosas.

La pareja escogida se parece mucho a Dr. Jekyll porque también tiene una dualidad contradictoria en su personalidad. Son personas que son fuertes e inteligentes en unas áreas y muy frágiles e ingenuas en otras. Al igual que el Dr. Jekyll, personalidades que se desconectan de las emociones. Irónicamente, son personas muy cobardes ante la confrontación y el coraje y se incomodan en discusiones y conflictos.

Tienden a reaccionar con silencio y se transforman ante la conducta impositiva o atropelladora de otros. Reaccionan no reaccionando y no se defienden si alguien les reta o les falta el respeto, para ellos es mejor huir y evadirse. Muchas veces son otros los que les señalan que están siendo víctimas de atropello, porque ellas no se dan cuenta. En medio de la inteligencia, se dejan dominar y lucen bobas y tontas.

Cuando no pueden escapar o huir de la situación, su reacción a la violencia es infantil. Sus rostros se transforman y su voz se torna infantil; en lugar de asumir una actitud y postura certera y de defensa, tienden a asumir una postura de súplica, de ruego y clemencia, apelan a la bondad, al perdón y a la generosidad de quien las confronta.

Algunas asumen una postura fetal o se agachan, como queriendo tener la estatura de un niño pequeño ante un padre adulto y grande. Y es que en muchas de las situaciones conflictivas y violentas le activan conductas y temores que son de una niñez maltratada emocional o físicamente.

Así como el Dr. Jekyll se desconecta de Mr. Hyde, sus víctimas tienden a huirle a la parte oscura y violenta de la vida, por tanto son personas que no pueden enfrentarlo de manera asertiva. Se intimidan y se someten aún cuando otros le advierten el peligro que tienen frente al monstruo, que no es tan valiente ni tan fuerte como parece. En vez de enfrentarlos se agarran de la esperanza de que esa parte buena que dice amarlas podrá controlar el coraje y la violencia. Se alían al Dr. Jekyll sin sospechar que Mr. Hyde también tiene vida.

¿Qué hacer?

No hay nada que puedas hacer excepto huir. Si se te ha acercado y le has mostrado interés, debe ser porque no has podido proyectar fortaleza ni capacidad de ver el mal que él lleva por dentro. Si vez las señales de una doble personalidad, descártalo como candidato de inmediato. No lo pienses mucho. Si lo piensas y lo consideras, será porque eres ingenua y mantienes la esperanza peligrosa de pensar que no es verdad lo que ves ni cierto lo que te he advertido y que el amor todo lo sana. Caerás en una trampa emocional muy profunda y difícil de superar.

Si el Dr. Jekyll echa raíces contigo, tu huida será cada vez más difícil. Por otro lado, te dará mucha pena con él y creerás que con tu amor él sanará sus heridas y podrá liberarse del Mr. Hyde. Eso nunca sucederá. Te advierto que la gran mayoría de las mujeres que son asesinadas por su pareja estaban en el proceso de separarse de ellas por el maltrato emocional y físico. Maltrato que estuvo presente desde el principio de la relación.

No puedes ser comprensiva ni dedicarle tiempo a entender su pasado ni los traumas de su niñez. No eres terapista ni consejera.

Te va a convencer de que puede haber control de Mr. Hyde. Te dirá que con no provocarlo habrá control. Te pedirá que no le lleves la contraria, que te vistas de una manera particular, que te maquilles como él quiere, que lo entiendas, que no le provoques celos y que lo perdones. No le creas. Para no creerle tienes que hacer de oídos sordos. No puedes escucharlo porque te convencerá. Si no logras mantenerte lejos, busca ayuda profesional. No trates de evadirlo sin ayuda.

No siempre el bien truinfa sobre el mal, no lo puedes rescatar.

Señales de alerta

- Tiene doble personalidad.
- Le gusta tener las cosas en orden y a su manera.
- Exige que los demás cumplan con sus deseos.
- Tiende a ser poco emotivo.
- Pierde el control de su coraje y se torna iracundo.
- Tiende a razonar y justificar sus exigencias de orden.
- Suele tener teorías que justifican sus costumbres.
- Tiende a controlar sus gustos.
- En su otra personalidad se permite lujos y gustos.
- Puede ser hiriente y ofensivo.
- En ocasiones se comporta como un niño.
- Cuando pierde el control puede ser físicamente destructivo/agresivo (tira puertas, rompe objetos,
- da patadas, bofetea, da puños)
- Justifica sus conductas agresivas y no acepta su responsabilidad

PSYCHO

Norman Bates es el personaje principal de la película *Psicósis (Psycho)*. Esta fue la primera vez que este personaje apareció en la pantalla grande gracias al famoso director Alfred Hitchcock.

Este personaje es un apuesto y agradable joven que tiene a su cargo un motel en un pueblo pequeño. La coprotagonista de la película, Marion, es una mujer atractiva que está huyendo con 400,000 dólares que le ha robado a su jefe. Esa noche se hospeda en el hotel de Norman, quien la recibe bajo la lluvia, la ubica muy cortésmente en su habitación y luego la invita a cenar y ella acepta.

En el transcurso de la noche Marion escucha una discusión entre Norman y su madre que lo conduce a un estado de alteración. Cuando Marion sale a encontrarse con Norman, éste le explica que su madre no se siente bien, la excusa perfecta para cambiar de planes, invitarla a la oficina y terminar comiendo un emparedado con la mujer, que él mismo ha preparado para ella.

A Marion, al entrar a la oficina, le llama la atención las aves preservadas que adornan las paredes, todas con una mirada intensa e imponente. Él le comenta que ella come como un pajarito, aludiendo al estilo de picar, y le añade que las aves en realidad comen mucho, "pero yo no sé nada sobre aves, prefiero preservarlas". Le indica, además, que ése es su pasatiempo: "Es poco común, pero los pasatiempos son para pasar el tiempo no para ocupar el tiempo".

Luego ella le pregunta si tiene amigos y él le contesta que el mejor amigo de un joven es su madre. Después le aclara que él no odia a su madre, sino en lo que su enfermedad la ha convertido. Le cuenta que ella lo crió tras la muerte de su papá: "Un hijo es un pobre sustituto para un amante. Me dicen que la interne en un hospital para locos, la gente siempre tiene buenas intenciones, pero todos nos volvemos locos a veces. Todos caemos en nuestras trampas privadas, yo nací en la mía".

Terminada la conversación ella se retira a su cuarto, se desviste y entra a la ducha para bañarse. La escena de ducha más famosa en el cine clásico es esa en la que llega la "madre de Norman" y apuñala a Marion de manera despiadada.

La muerte de Marion precipita una investigación que termina en la revelación de la locura de Norman. La madre de Norman en realidad no estaba viva y Norman, por momentos, asumía su personalidad. De esa manera asesinó a su propia madre junto a su padrastro, luego a Marion y después al investigador.

Cuando es descubierto y encarcelado, perdió lo poco que tenía de su propia identidad y adoptó permanentemente la personalidad de su madre, quien nunca le haría daño a nadie *ni mataría a una mosca.*

La locura de Norman era profunda y peligrosa, pero no perceptible. Un joven atractivo, inteligente y amable, pero solo y aislado. En su conversación con Marion refleja su inteligencia y su ágil percepción, pero entra en contradicciones y es excéntrico. Esas particularidades y sus cambios de humor dan el aviso de Alerta roja. Esos detalles que hacen, pero no hacen sentido, son los que revelan su locura.

La película *Una mente brillante (A Beautifull Mind)*, protagonizada por Russell Crowe, nos proyecta la vida de un hombre -John Nash- genio en matemáticas, quien vivía atormentado por la existencia de seres irreales hospedados en su mente, creados por su imaginación. Seres tan reales para él que lograron tomar el control de su vida, arruinar su matrimonio y empañar sus logros.

La parte que aquí nos interesa, el manejo emocional del personaje, fue desvirtuada por la película, pues aparentemente la vida matrimonial y las esferas emocionales pueden ser salvadas con amor y paciencia. No es así. Este personaje no tiene la capacidad de tener una relación de pareja saludable ni de un amor real.

¿Quién es el psycho?

A las personas con una enfermedad psicológica severa pueden relacionarse con los demás, pero se les hace casi imposible lograr una relación de pareja saludable. Su funcionamiento es similar al de los demás bajo circunstancias especiales, su intelecto no se ve muy afectado, por lo tanto una persona con locura emocional puede ser un estudiante brillante, un cirujano competente y destacarse por su excelencia.

Su apariencia es normal (tal vez muestra algunas excentricidades que pueden pasar inadvertidas), es elocuente en sus expresiones y esporádicamente expresa alguna idea extraña o sin sentido.

Algunos son muy inteligentes y con escucharlos por breves periodos de tiempo, pueden impresionar con su lucidez e inteligencia, pero si los escuchas por tiempo prolongado y en diversas situaciones, empezarás a registrar ideas que no concuerdan con la noción de un pensamiento normal, pues exponen ideas fantasiosas, ilusorias, irreales y exageradas. Si le cuestionas y argumentas, no te escuchará ni te entenderá, y si insistes se molestará, parará de hablar o se retirará.

Muchos, aunque muy inteligentes, tienen muy poca motivación y ambición. De igual manera, su afecto es muy limitado y llano. Su capacidad para sentir afecto es escasa y, por lo tanto, el amor que profesa también lo es. Se perciben apagados, sin reacción emocional. Por ejemplo, pudiera hablarte de la muerte de su madre como un evento sin importancia. Puede decir que te ama, pero tu no puedes sentir ese amor porque no te lo expresa con una sonrisa al recibirte, no lo percibes en su mirada, no lo vas a sentir en su tono de voz al hablarte. No tendrás evidencia emotiva de lo que dice sentir por ti.

Algunos se engañan y puede parecer que aman. Además, por celos pueden reaccionar con coraje y se tornan violentos. Ten cuidado con la intensidad de esa emoción, identifícala, porque por lo general no tiene nada que ver con el amor ni con la realidad y su manifestación es respuesta a su condición y no porque exista un amor real.

¿Por qué son así?

La ciencia ha debatido de mil maneras el porqué de estos disturbios mentales. Todo gira alrededor de tres fuentes: surge a partir de conflictos y traumas, es aprendida o es por la dinámica familiar. Por otro lado, se cree que son condiciones biológicas y hereditarias. Suele suceder que se diagnostica en parientes de primer grado de consanguinidad.

¿Cómo se desarrolla el psycho?

La familia y la niñez de este personaje pueden ser controversiales pero, al mismo tiempo, puede lucir normal y coherente. Lo cierto es que con frecuencia la familia no logra entender la gravedad del asunto y, al igual que el afectado, no busca ayuda a tiempo.

Es una condición que usualmente presenta la primera crisis grave en los veinte y entrados los treinta años. Se puede llegar a confundir con el duelo de una desilusión o pérdida amorosa que trae efectos en el funcionamiento laboral, familiar y personal. Desde este punto, algo debe estar claro: la locura no es consecuencia del rompimiento o crisis amorosa, por el contrario, usualmente es la causa de la ruptura por los problemas que trae a la relación de pareja.

En los periodos de mayor salud y funcionamiento, la persona puede permanecer en un alto nivel de trabajo y eficiencia, lucir aseada y con buena apariencia, pero en los períodos de crisis, que son inevitables, puede ser celosa y hasta agresivo, porque malinterpreta situaciones interpersonales y reacciona de manera inapropiada, ya sea aislándose o siendo incoherente en sus respuestas o exagerado en su comportamiento.

El Psycho no es bueno resolviendo problemas ni manejando situaciones de tensión. En una relación de pareja, ante situaciones problemáticas, es la víctima quien tendrá que resolver y velar porque su pareja no se afecte. Ten cuidado, porque de ser así, tendrás dos problemas por resolver: la situación original y la crisis emocional que el suceso le ocasionará a tu pareja.

En momentos de tranquilidad, puede caer en una crisis provocada por su mal. Por razones obvias, por parte de él no existe un reconocimiento del problema y, por lo mismo, no busca ayuda. Si insistes, él reaccionará de manera conflictiva en vez de considerarlo como un apoyo de tu parte. Hasta que los términos no se acentúen de manera extrema él no reaccionará.

Típicamente, la pareja del psycho no solo asume el rol de guardián, enfermera, fiscal, abogado, sino que además debe mantenerse en alerta todo el tiempo para protegerse de las consecuencias de la locura de su amado.

Por otro lado, tener una familia se hace muy difícil. La persona con problemas emocionales severos requiere muchas atenciones para mantenerse en un funcionamiento adecuado. La presencia de hijos, especialmente en los años formativos, le irritan y atribulan. El llanto en medio de la noche, las enfermedades, la conducta revoltosa, los gritos de alegría, de discusiones y las torpezas de los niños, le provocan altos niveles de estrés. Por tanto, no se podrá integrar activamente en el proceso de crianza, carece de habilidades paternales y solo podrá realizar tareas sencillas como llevarlos al jardín o a la escuela.

¿A quién escoge?

Es casi impredecible definir a quién van a escoger. Este personaje puede enamorarse de una estrella de cine, de una cantante, de alguien inalcanzable, como también puede unirse a alguien que lo escuche y le brinde afecto, que lo acompañe en momentos de soledad y que lo lleve de la mano por la vida. Puede enfocarse en alguien que no le exija ni lo presione, ni le cuestione su forma de ser ni sus ideas. Con un poco de interés y suavidad, puede establecer una relación duradera.

¿Cómo lucen sus víctimas?

Él no escoge a su pareja por la apariencia. Puede pasar por alto el vestido, no se detiene en lo exagerado ni en lo inapropiado del maquillaje. Asímismo, se le dificulta identificar elementos de belleza especiales en su pareja. Lo cierto es que los cambios bruscos como el corte y el color del cabello o el vestido lo atribulan por romper la costumbre. Lo que le atrae de la persona puede ser tan sencillo como su nombre o tan complejo como ser la mujer que sus voces internas le obligan para cumplir su misión de rescatar al mundo de un desastre inminente.

¿Quiénes son las víctimas?

Las parejas suelen ser mujeres ingenuas, comprometidas, nobles y de altos valores. Son personas que debido a su inexperiencia no detectan que lo extraño de su pareja es un problema severo para la relación en la que se está involucrando.

Mencionaré algunos ejemplos que podrás notar y malinterpretar como sucesos normales:

Una rutina de dos horas para bañarse. Nadie puede entrar al baño. Por tanto, debes utilizar el baño antes que él para no perder tu tiempo y desajustar tu rutina porque él entró antes que tú. Lo interpretas como una excentricidad.

Una semana sin bañarse, encerrado y limitándose a comer, porque debe dedicarse a pensar. Ese "algo le pasa", puede ser algo pasajero que le impide hacer otras tareas, pero no se traduce en términos de buscar ayuda. Al final, lo interpretas como algo normal y terminas por acostumbrarte a esas ausencias y encierros.

Cuando la víctima se da cuenta de que algo anda mal, se enfoca en descubrir lo que puede hacer para ayudarlo, porque cree que el amor puede cambiarlo y arreglar esa enfermedad. Finalmente, cuando entiende que es un trastorno que el amor no cura, tampoco lo pueden abandonar porque tienen pena y existe un compromiso de por medio. Esta dispuesta a sacrificar el ser amada nuevamente por otra persona y tener una vida normal, por no fallar al compromiso que hizo.

¿Qué hacer?

Si escuchas ideas extrañas y observas conductas fuera de lo normal, no las ignores ni las menosprecies. No son casualidades ni manías o exigencias tuyas. Si te dice algo que no tiene sentido, mantén el tema, continúa escuchándolo sin interrupción y presta atención a cómo te lo expone. Hazle preguntas referentes al tema que demuestren tu interés, pero no para corregirlo ni para que acepte alguna equivocación, porque se irritará; permítele que te enseñe todo lo que piensa sobre ese tema.

Si lo que es extraño es una conducta o costumbre, pregúntale en tono curioso por qué lo hace, desde cuándo y qué otras cosas similares realiza. Si tu tono de voz suena a regaño o desaprobación, se pondrá a la defensiva y no continuará.

Las personas con problemas emocionales severos no difieren en todo ni distorsionan la realidad siempre. Sin embargo, si lo escuchas con detenimiento y sin hacerle sentir tu desaprobación o falta de entendimiento, te compartirá lo que piensa, aunque sea increíble y poco usual. Son ideas que tienen sentido sólo para él. Te advierto que si lo escuchas mucho puede lograr convencerte de sus ideas.

Por lo general, es coherente lo que piensa, pero en un sentido particular y extraño. Tiende a tener ideas diferentes o raras sobre su cuerpo, la enfermedad, el aseo personal, el sexo, la vida y la muerte. Si él no te habla de esos temas inícialos tú; establece una conversación sobre ello y, nuevamente, escúchalo con atención.

Si en efecto descubres que no es casualidad y que no escuchaste mal, puedes preguntar por su familia y por las relaciones de pareja de sus familiares. Probablemente encontrarás en su familia las mismas tendencias: problemas nerviosos, trauma emocional, conducta extraña u hospitalización y tratamiento siquiátrico. Es común encontrar que él no es el único en la familia con problemas emocionales serios.

Si él no puede lidiar con los retos que le presenta la vida, no podrá con el más trabajoso de todos los retos: el amor de pareja.

Señales de alerta

- Tiene dificultades para compartir en grupo.
- A veces habla sin sentido.
- No es emotivo.
- Te observa y detalla mucho.
- Sus logros no se comparan con su inteligencia. Cuenta con más potencial.
- No tiene "viejos amigos".
- No tolera tensiones ni conflictos.
- No le gustan los cambios.
- Actúa de manera extraña.

ATRACCIÓN FATAL

La película *Atracción fatal (Fatal Attraction)* es el ícono moderno de lo que es un idilio romántico convertido en pesadilla. La mayoría de las personas que la han visto la recuerdan como una advertencia de cómo un amorío puede llegar a ser una tragedia.

La trama empieza con un encuentro casual entre Dan y Alex en una actividad social. Él es un hombre guapo, exitoso y casado; ella, una mujer atractiva, exitosa y con un aire de control absoluto mezclado con asertividad. Durante la actividad Dan se siente atraído por Alex y posa su mirada en ella. Alex, a su vez, con una mirada intensa de desprecio, responde a un flirteo de un amigo de Dan. Éste interpreta esa reacción a su amigo como señal de peligro. Luego él la encuentra nuevamente en el bar y ahí comienza la chispa. Los dos se dan cuenta de la atracción sexual que sienten el uno por el otro.

Aunque desde el principio Dan aclaró que llevaba nueve años de casado y que tenía una hija, Alex le asegura discreción por parte de ella y espera que él también lo sea. Alex le pregunta: "¿por qué todos los hombres interesantes están casados?". Él responde: "Quizás tú los encuentres interesantes porque no pueden ser tuyos". En otra escena ella insiste en pedirle que él la visite: "Ven, no te voy a perturbar, te prometo que seré una niña buena". Él contesta: "No te das por vencida, no te rindes". Frases reveladoras que anticipan la pesadilla que vivirá junto a ella.

El idilio sigue su curso hasta el retorno de la esposa de Dan.

Él le anuncia a Alex que ya no puede continuar compartiendo con ella. Ella no entiende y le reprocha la manera frívola y despiadada en que él la abandona, mientras ella lo ama. Dan le cuestiona: "¿Cómo puedes amarme si sólo hemos compartido un fin de semana? No me conoces". Alex, con ira lo patea y lo echa de su casa. Cuando él va camino a la puerta, ella insiste en que él se despida, y cuando se acerca para darle un beso, descubre con terror que Alex se ha cortado las venas. Motivado por la pena, decide quedarse y cuidarla.

El temple, la seguridad y fortaleza que Dan observó en Alex enmascaraba la fragilidad emocional que la invade cuando se siente abandonada. A pesar de que su mirada intensa fue señal de peligro, Dan no tenía manera de saber que ella no lo dejaría ir. De forma distorsionada y exagerada ella se aferró a Dan y asumió que él ya no podía abandonarla.

Su seguridad y aplomo se van desvaneciendo cuando se da cuenta de que él no le contesta sus llamadas y no se deja intimidar por sus artimañas. El acecho llega al extremo de invadir la vida de Dan con su esposa y su hija. En medio de su perturbación echa a hervir el conejo de la hija de Dan e intenta asesinar a su esposa. Estas son muestras de lo que puede llegar a hacer con tal de no perder al "amor de su vida".

¿Quién es el acosador?

Así como Alex en la película, este personaje de Alerta roja es extraño y descontrolado. Es el niño abandonado, que no es querido, además de ser menospreciado y rechazado. Por tanto, se cree la víctima en el amor. Es quien por su maltrato está buscando a la mujer que transforme lo trágico de su existencia. Él no ama, él idolatra. No es que él prefiera estar contigo, es que si tú no estás él muere.

Su amor es tan profundo e intenso que luce irreal. Con ese amor y con la persona amada, espera encontrar la paz que nunca ha tenido, ese amor que le resolverá todos sus problemas. Hasta aquí todo luce ideal y romántico, pero así como es su amor de profundo, es también el coraje y el odio que aflora cuando se siente otra vez abandonado o traicionado.

El no asume responsabilidad por su vida. Sus relaciones caóticas, bajo su punto de vista, son culpa de los demás, no logra entender cómo él mismo se expone a situaciones de peligro que lo van a afectar. Así como en la película, Dan confronta a Alex cuestionándole que tal vez por enamorarse de hombres comprometidos, ella no recibe el amor que desea. Este personaje no puede entender el patrón de abandono que él mismo ocasiona en su vida.

Cuando se siente aburrido o ansioso, sin medir consecuencias, puede ir de compras o al bar sin dinero o tener encuentros sexuales sin protección, etc. Algunos se hacen heridas superficiales en las muñecas o en el cuello, otros se queman con cigarrillos o se dan golpes en la cabeza con la pared.

No entiende que su conducta es enfermiza y que de esa manera espanta a sus parejas. Todo lo interpreta a su manera, su capacidad de discernimiento es mínima y confunde la realidad con las versiones distorsionadas que arma en su cabeza.

Su pareja reclama consistentemente que sus arranques emocionales la perturban, que necesita que él sea más consistente en sus tareas y que sea menos impulsivo. Ante tales reclamos sin respuesta, ella decide distanciarse y él se asombra sin entender por qué, de la nada, ella lo ha abandonado.

En el sexo obviamente también es impulsivo. No evalúa las consecuencias de lo que hace ni con quién lo hace. Podría llegar a involucrarse con prostitutas y compartir con ella en lugares de peligrosa exposición. Si vive un mal rato con ella, piensa que ha sido víctima de la atracción extraña que ejerció sobre él y que lo enloqueció de momento.

De igual manera gasta su dinero. Puede que por un lado sea muy ahorrativo y, de momento, decida gastar una cantidad exagerada en algo sin importancia. Es extremista. Es un abusador de sustancias al grado de perder el autocontrol y hacer shows desagradables, aunque no es adicto. Es de los que se arrastran borrachos y hacen cosas desquiciadas, pero luego puede pasar mucho tiempo sin tomar ni una cerveza. Lo mismo sucede con su apetito: puede abusar de la comida y devorar cantidades exageradas del alimento que se le antoje.

Su intensidad e inestabilidad la refleja hasta en la manera en que maneja un auto. Luce desquiciado al volante. Acelera de manera peligrosa, hace virajes erráticos, se acerca demasiado a los demás autos, etc. Quien lo acompañe puede vivir una experiencia similar a la de una montaña rusa, porque desafía las leyes de tránsito e, incluso, las leyes físicas. Sin temor a perder la vida, maniobra peligrosamente para llegar a tiempo a un lugar o para evitar una congestión vehicular.

Es descontrolado con el dinero, el alcohol u otras sustancias, la comida y el auto. Este es un aviso de Alerta roja.

Este personaje es conflictivo, agrede física y verbalmente, suele tener malentendidos e incidentes callejeros. Su temperamento es muy volátil. Se conecta con su coraje a la más mínima provocación. Posee mal genio, y si el estrés es muy alto, sospecha y duda de quienes le rodean. Se vuelve defensivo, ansioso y se irrita con facilidad. Los cambios en sus estados de ánimo son pasajeros, pero en el momento da la impresión de que el coraje le durará por mucho tiempo.

Es un personaje que tiende a ser de extremos. Es intenso en sus expresiones emocionales, así como expresa el coraje, también expresa la tristeza, el miedo, la alegría y, además, lo hace de manera exagerada. Se le hace muy difícil modular y atemperar sus emociones y sentimientos.

Puede estar intensamente triste y luego estar intensamente molesto, no logra encontrar el punto medio de la emoción. Con su sobrerreacción logra llamar la atención, pues a juicio de los demás son reacciones abruptas.

Esta persona suele ser impulsiva y arriesgada. Actúa y luego piensa. Puede pedir perdón mil veces y volver a cometer el mismo agravio. Su impulsividad la usa para comparar, agredir, ofender, decidir cambios abruptos (de residencia, empleo, carrera) y, por tanto, la inestabilidad es su fuerte.

Cuando lo escuchas, desconoces si es que es aventurero, no sabe lo que quiere o si es que está descontrolado. Típicamente, su inestabilidad no mejora porque tiene dificultad para asumir responsabilidades por lo que vive. Tiende a adjudicarle los cambios a los demás y a las circunstancias.

Pensar y reflexionar sobre el porqué le pasan tantas cosas extrañas o malas no es una de sus mejores capacidades. Si le piden que reflexione sobre cómo él ha contribuido a que las cosas no caminen bien en su vida, se torna defensivo y hostil.

Una de las características más impactantes de esta persona es que confronta muchas dificultades para establecer relaciones positivas y saludables con amistades, familiares y parejas, pues es inestable y extremista.

Te puede adorar apasionadamente y luego odiar con el alma, quiere compartir todos los días contigo, hablar por teléfono a toda hora y hasta llegar a involucrarte en todos los aspectos de su vida. Incluso, es posible que te presente ante los demás como su amiga del alma y, de momento, puede surgir un contratiempo o un malentendido y la amistad se arruina.

Esa intensidad e inestabilidad es lo que produce conflictos y discusiones serias sobre elementos sencillos de la vida, por ejemplo, si lo llamaste o si le cancelaste una cita.

Tiende a establecer relaciones con personas problemáticas, con estilos de vida extraños y con dinámicas fuera de lo común. Le gustan las situaciones de peligro con su pareja y se expone a combinaciones sexuales de tríos y orgías sin conocer previamente a los involucrados y sin tomar medidas de protección.

En la intimidad sexual son revoltosos y acostumbran a tener parejas sexuales extrañas. Pueden ser promiscuos y al mismo tiempo involucrarse en experiencias de infidelidad con personas peligrosas, extrañas, problemáticas y hasta bizarras. Su bajo criterio al momento de sus aventuras pone en peligro a familiares, amistades y a su pareja. Puede exponerse al uso de drogas sin convertirse en adicto, pero poniendo en riesgo su vida y la de su pareja.

El abandono al que recurrentemente alude suele ser imaginado o exagerado. Puede sufrir una crisis emocional y cortarse las venas de sus muñecas porque su pareja se ha ido a un viaje de trabajo por una semana. Se siente angustiado por separaciones breves y por malentendidos que pudiera interpretar como el desvanecimiento del amor.

Además de los problemas con su pareja, tiende a promover conflictos profundos entre los miembros de su familia y la familia de su pareja. No importa el grupo que sea, quien padece este trastorno, divide en dos a las personas: las buenas y las malas. Esa división o categorización se establece sobre la base de a quién le sigue el juego y lo rescata (los buenos) y, por otro lado, el bando que lo critica y le hace daño (los malos).

La esencia del conflicto es que para ambos bandos se presenta como una víctima y como una persona muy necesitada. Logra arrancar de ambos grupos (los buenos y los malos) emociones de lealtad, de urgencia por rescatarlo y sentimientos profundos de compasión.

Además, hace que los bandos se perciban como enemigos. Logra hacerles creer que el otro bando está obstaculizando el proceso de ayuda. Si lo escuchas, puedes llegar a pensar que ha sido víctima de las parejas más ruines y las suegras más terribles del mundo.

La relación de pareja es casi imposible. Este personaje vive extremos emocionales. Adora e idealiza a la persona, o la odia hasta el extremo. Mientras te adore no hay problema, pero una vez piense que eres su enemigo, te odiará con la misma intensidad.

Los conflictos con su pareja pueden llevarlo al intento suicida. De manera impulsiva y sin medir consecuencias puede intentar quitarse la vida por una discusión o por una contrariedad. Son personas que aunque no tienen diagnóstico de depresión pueden tener un historial de múltiples intentos suicidas. Cuando te digo múltiples, me refiero a más de diez o de veinte.

¿Por qué son así?

El origen de este tipo de persona ha sido motivo de mucha controversia entre teóricos. Lo que se identifica con frecuencia es una familia de crianza con problemas muy similares a lo que es su personalidad. Familias con dificultad para manejar situaciones sencillas y, sin embargo, capaces de enfrentar otras muy extrañas y terribles. Son familias disfuncionales con la presencia de problemas de alcohol o drogas, con incidentes de maltrato físico y verbal, abuso sexual e incesto.

Por otro lado, este personaje puede ser el favorito, sobreprotegido y engreído y aún así entender que sus padres no lo quisieron o lo menospreciaron en comparación con los demás hermanos. También pudo ser extremadamente ignorado y abandonado o es posible que en su infancia no tuviera a alguien que lo amara y lo entendiera de manera incondicional como todo niño indefenso lo necesita.

¿Cómo se desarrolla?

En su crianza y desarrollo no fue adecuadamente atendido ni orientado a vivir de manera saludable y madura. No aprendió el concepto de compartir con amiguitos y compañeros de escuela ni con sus hermanos. No puede relacionarse positivamente por sus reacciones emotivas intensas, egoísmo y reclamos infundados. Sus noviecitas le duran poco y sus amigos se alejan, lo miran como alguien extraño y difícil de querer.

Cuando se aleja de las personas, éstas temen por su reacción impulsiva e intensa. Puede convertirse en un león feroz reaccionando con coraje, tirando el teléfono contra el piso o rompiendo los cristales del auto. Es capaz de hacer cualquier cosa, hasta quitarse la vida.

Sus intentos suicidas viajan de leve a severos, muy llamativos porque a veces lucen como manipulaciones para conseguir que no lo abandonen. Por ejemplo, puede tomarse un frasco de pastillas y llamar a su pareja para contarle lo que ha hecho y pedirle que lo rescate. ¡Alerta roja!

¿A quién escoge?

Sus dificultades emocionales y su pobre juicio hacen casi imposible anticipar a quién va a escoger como pareja. Puede sentirse atraído por una amplia variedad de mujeres y enamorarse a primera vista de alguna mujer exitosa o de una fracasada.

Le atrae la persona comprensiva que se enamora de su inteligencia, talento y su alegría esporádica. Las personas que aman con pena y que han tenido a su vez familiares cercanos con patrones de conducta similares, tienden a tolerar por más tiempo los exabruptos emocionales de este personaje.

Estas personas con frecuencia escogen tener encuentros amorosos con personas extrañas o completamente diferentes a su perfil. Un ejemplo de ello es el ejecutivo que protagoniza aventuras con prostitutas de pobre higiene, en lugares de peligro y con costumbres sexuales no comunes. Instantáneamente, este tipo de comportamientos contradictorios provoca asombro.

Otro ejemplo es tener encuentros sexuales con algún miembro de la familia, ya sea una cuñada, la suegra o una sobrina. Lo cierto es que si le preguntas, justifica la relación con planteamientos que lo hacen lucir ingenuo, indefenso y víctima, o dan como argumento la "fuerza del amor o de la atracción". No importa cómo lo respalde, tiene muy poco discernimiento y no entiende los límites y las fronteras morales que, para otros, son fáciles de comprender.

¿Cómo lucen sus víctimas?

Con frecuencia sus parejas, no sus aventuras, son personas estables, serias, maduras y muy capaces. Su estabilidad y consistencia tiende a ser su característica más llamativa. Su atuendo habitualmente es sobrio y conservador.

No son personas de llamar la atención ni de tener vidas alborotadas. La estabilidad, proyectada en elementos como el auto limpio y sin abolladuras, o la casa organizada y decorada de forma conservadora y sencilla, caracteriza a las personas que le atraen como pareja.

Sus parejas no lucen asertivas ni maliciosas; por el contrario, son un poco sumisas e ingenuas, le creen sus cuentos y quieren ayudarlo. La mujer que se le presenta de manera tranquila, sin alzar la voz, sin reírse a carcajadas, sin discutir ni agredir, le atrae.

¿Qué hacer?

No te dejes llevar por la pena ni por la esperanza, por las promesas ni por los momentos en que es adorable. Cuando estés en el proceso de conocerlo presta atención al patrón de inestabilidad. Si puedes identificar en sus relatos que es una persona de muchos cambios, aventuras y arranques emocionales, debes hacer el ejercicio de poner estos elementos primeros en la lista de características y luego los demás.

Pregúntale acerca de sus momentos difíciles y escúchalo para ver si admite o confiesa su contribución a esas experiencias tan negativas. Si se presenta frecuentemente como una víctima, ya sabes: Alerta roja.

Hazle preguntas sobre sus mejores amigos y cuánto tiempo lleva compartiendo con ellos. Si es poco, uno o dos años, explora cuáles han sido sus experiencias y permite que te cuente sobre cómo conoce a sus amigos y cómo maneja las dificultades que surgen en la amistad.

A este personaje usualmente le surgen conflictos que se caracterizan por la división en dos bandos, las personas buenas que lo entienden y lo protegen, y las malas, que lo critican y lo atropellan.

Los conflictos provocan en él una conducta impulsiva, hasta llegar a la agresión o el intento suicida. Te puede narrar experiencias en que se ha sentido tan traicionado y dolido que en un impulso se corta las venas o se intenta suicidar. Te contará que el intento suicida es el resultado lógico de la traición terrible o del dolor profundo que vive en el conflicto. No le creas. Esos actos impulsivos seguirán ocurriendo en su vida, aunque este contigo. El problema es él.

No te dejes llevar por la intensidad y rapidez de su amor por ti, por el contrario, tómalo como señal de peligro y sal corriendo. Si al distanciarte recibes llamadas desesperadas y de angustia por tu ausencia, y te dice que no puede vivir sin ti, no permitas que el miedo te domine. Mantente firme y no contestes sus llamadas ni le des espacio para que te hable y te convenza de que le des otra oportunidad.

Este tipo de persona tiende a no aceptar que necesita ayuda sicológica ni tratamiento. Sus dificultades son tan serias que aún para los profesionales de la salud mental son casos muy difíciles de atender. Mientras más firme te mantengas, más rápido saldrá de tu vida.

Hay amores que te elevan al cielo y luego te bajan al infierno. Éste es uno de ellos.

Señales de alerta

- Es de extremos. Todo o nada. Nunca o siempre.
- Con frecuencia recalca sobre su abandono por parte de familia, padres y parejas.

- Llama muchas veces y se intranquiliza si no te consigue.
- Te ama, pero también te odia.
- Se obsesiona si no consigue lo que se propone.
- Con coraje parece un monstruo, luego olvida con facilidad y actúa como si nada hubiera pasado.
- Ha tenido intentos suicidas.
- No tolera la soledad.
- Sus reacciones emocionales son intensas
- Laboralmente es inestable.

DURMIENDO CON EL ENEMIGO

Uno de los elementos llamativos de esta película, *Durmiendo con el enemigo (Sleeping with the Enemy)*, fueron los rasgos obsesivos y compulsivos del protagonista, quien insistía en que las toallas estuvieran perfectamente alineadas y las latas de comida en la alacena paralelamente situadas. Sin embargo, es su obsesión, desconfianza y maltrato hacia su esposa lo que lo convierten en un caso de Alerta roja.

La película se desarrolla en una casa en la playa, donde viven Martin y Laura. Él es el hombre guapo, amoroso y excelente proveedor que toda mujer desearía tener como pareja. Ella, aunque luce feliz, muestra señal de tristeza y miedo al parecer intimidada por él. La siguiente conversación entre ellos, revela la desconfianza extraña por parte de él que surge de la nada:

Luego de conocer a un vecino nuevo, Martin le comenta a Laura:

- Es un hombre guapo el doctor. Dice que ésta es la casa más bonita en la playa. ¿Cuándo estuvo él aquí? ¿Ayer, mientras yo estaba en el pueblo?
- Martin, yo no conozco al doctor.
- Seguro que lo conoces, él dice que tú lo has estado mirando desde la ventana todo el día. ¿Es que te da tanto placer humillarme?

Acto seguido él le propina un golpe en la cara que la hace caer al piso. Luego, él la patea de manera despiadada sin que ella se defienda. Luego, en otra escena, él se lamenta por haber discutido y le dice:

- Dime qué quieres, yo conozco a mi princesa, dime qué quieres.
- Ella le pide permiso para ir más días a su empleo. Él le cuestiona esa posibilidad. Entonces ella le dice que no se preocupe, que no fallará en sus deberes del hogar.
- ¿Cuándo te ha faltado la cena?
- Seis meses atrás, cuando tu madre falleció y tú fuiste a su funeral.
- Tú me lo reprochaste esa misma noche (insinuando que la agredió).
- ¿Sugieres que lo disfruté?
- No, eso significaría que eres un monstruo.
- Si no te conociera bien, pensaría que estás provocando de manera deliberada una disputa entre nosotros...

Durante las conversaciones, Martin la confronta frecuentemente con lo que él supone que ella piensa, como si pudiera leer su mente, o con el temor de que ella está tramando algo en contra suya. A la misma vez, le deja saber que él conoce lo que ella siente y que él es quien más la ama.

En otro momento, luego de insultarla le asegura que "siempre estaremos juntos, nada nos podrá separar". Sus planteamientos, lejos de ser románticos, son intimidantes y tienen el propósito de recordarle que siempre le pertenecerá.

Sin embargo, Laura logra ingeniárselas para escapar, aparentando haberse ahogado y muerto durante una salida al mar en el bote del doctor. Después, al huir, ella narra cómo su relación con Martin empezó como un cuento de hadas.

Laura describe ese primer año como el más feliz de su vida. Pero, "todo cambió luego de la luna de miel". Al principio él era encantador y tierno, pero todo cambió. Él decía que si lo dejaba la castigaría y así fue, sus castigos eran terribles. El nunca la dejaría ir, la encontraría a donde quiera que fuera.

Y así fue. Debido a ciertos detalles, Martin descubre que ella no está muerta y logra encontrarla en su nuevo hogar y con una nueva identidad. En su estilo de acechante, la observa sin que ella lo perciba, hasta que irrumpe en su casa y la amenaza. Ella termina matándolo.

¿Quién es el celoso?

¿Has escuchado historias de personas con celos enfermizos, que han llegado hasta a matar? Probablemente, de quien te están hablando es de alguien que posee este perfil, que puede lucir normal, sin problemas emocionales, viste bien y tiene una apariencia buena y aseada.

No se puede sospechar que es una persona con problemas emocionales serios. En el aspecto laboral, puede mantener un empleo siempre y cuando no se le exija interactuar mucho con sus compañeros de trabajo.

El problema principal de esta persona es que tiene mucha dificultad para confiar en otros, especialmente en su pareja, lo que hace casi imposible la intimidad, que es el espacio donde se requiere de espontaneidad y ser genuino.

Este personaje es caracterizado por su profunda desconfianza, aunque no la refleje. Se manifiesta de forma sencilla y se puede interpretar que es alguien con mucha malicia y experiencia en la vida. Desconfía de situaciones donde no existen razones para desconfiar, incluso de personas con aspecto inocente. Su mayor debilidad es que no baja la guardia, está en constante vigilancia, aunque no parezca.

Sus temores y desconfianzas tienden a manifestarse más en las noches que durante el día. Se le nota más intranquilo al caer la noche que temprano en la mañana. No le gustan los grupos, las llamadas inesperadas y mucho menos las visitas sorpresivas. Interroga a las personas sobre sus intenciones y cuando se siente amenazado se aísla manteniéndose en silencio y con actitud de alerta.

Suele ubicarse en un punto del salón que le permita mantener el contacto visual con aquel que le inspira desconfianza. Por ejemplo, en un restaurante, se ubica en la mesa que le permite percatarse de quién entra y sale del lugar. Si no existe esa disponibilidad, busca cualquier excusa para irse a otro restaurante.

Este personaje no se deja llevar, se le hace muy difícil ceder y someterse a la voluntad de otros. Tiene dificultad hasta para firmar un contrato, por más que sea para su propio beneficio. Piensa que todos tienen el potencial y el deseo de hacerle daño en algún momento. Cuestiona las motivaciones reales detrás de un obsequio, favor o algún detalle desprendido que surja espontáneamente de alguna persona conocida o desconocida.

Cuando se interesa por alguien, lo observa y lo acecha sin que lo descubran. Puede dedicarle mucho tiempo a la tarea, al grado de tardar días y hasta meses. Observa el comportamiento y la reacción de los demás frente a diferentes situaciones, con quién comparte, cuáles son sus rutinas, identifica sus gustos e intereses y va creando una imagen desde la distancia de quién es y cómo es.

Cuando llega el primer encuentro tiene la ventaja de que conoce mucho sobre ella, lo que le permite presentarse con una seguridad que engaña. Puede pronunciar, desde ese primer momento, "eres la mujer de mi vida". También puede ser muy directo y mirar a la mujer profundamente a los ojos, en forma penetrante, y anunciar así su decisión de que la ha escogido como pareja. "Vas a ser mi esposa para toda la vida", "vas a ser mía". La declaración no tiene duda ni tampoco permite el derecho a rechazar la oferta.

La seducción es muy pensada y hábil. Como son muy buenos observadores, pueden obsequiar con acierto y complacer con muchos detalles. Conoce tu perfume, las flores, los lugares de tu agrado, incluso, tus eventos preferidos. Traduce lo mucho que te conoce en lo mucho que te ama. No es cierto. Simplemente te ha escogido y, por tanto, al observarte te conoce muy bien.

Cuando inicia la relación, comienza a verse una actitud posesiva y unos celos que pudieran interpretarse como inseguridad o excesivo amor por su pareja. Luego, según va transcurriendo el tiempo y la relación, surgen atisbos de que distorsiona la realidad. La personalidad desconfiada casi siempre tiene un delirio. El delirio es una fantasía, un cuento, una novela creada en su mente.

Esa fantasía tiene como base algún elemento real sobre el cual él va construyendo toda una novela. Los personajes de su cuento existen y los incidentes que define pueden ser reales en algunos aspectos. Lo que lo convierte en delirio es que del ciento por ciento, solo un veinte por ciento es real, el resto es producto de su imaginación.

Tiende a definir la relación de una manera que no concuerda con la percepción que su pareja posee de ella. Por ejemplo, en una reunión familiar puede anunciar que ya están comprometidos para casarse, lo que sorprende a todos e incluso a ella, porque nunca habían tocado el tema.

Algunos se tornan obsesivos y vigilan continuamente a su pareja. Le graban conversaciones, las siguen de manera clandestina, las confrontan con rumores y acusaciones descabelladas.

En una ocasión conocí a uno de estos personajes que le hizo un hueco a la base de la cama plataforma de su novia para entonces colocarse ahí a escondidas de su pareja y espiarla en el cuarto dormitorio. Él estaba convencido de que ella tenía un amante que llevaba a su cuarto cuando él no estaba.

La desconfianza típica en su personalidad se traduce como celos enfermizos. Son celos que surgen de la misma manera que los delirios de persecución. Una mirada, un detalle, una llamada perdida en el celular, un momento de silencio, puede desencadenar toda una teoría sobre el interés en alguna otra persona y sobre el desarrollo de una infidelidad. Estos celos han llevado a algunos celosos a asesinar a sus parejas para "protegerse" de su traición.

Otros se tornan físicamente violentos en su intento de lograr que su pareja confiese su infidelidad.

También conocí el caso de una mujer que planificó una fiesta de cumpleaños sorpresa para su esposo y escondió los adornos y regalos en el apartamento cercano de su amiga. El día de la fiesta ella estuvo entrando y saliendo a "escondidas" para que él no la viera. Él la vio y pensó que estaba intimando con el marido de su amiga. Cuando ella iba cruzando la calle, él la detuvo, la confrontó con la supuesta infidelidad, y a pesar de que la mujer insistió en su inocencia, él la mató de treinta y dos puñaladas.

¿Por qué son así?

Todo ser humano llega a la vida con el reto de entender y aceptar que el mundo no gira a su alrededor. Por tanto, en la medida que el infante descubre que es un individuo separado de los demás, se va afianzando y confiando de que esa distinción, entre el otro y él, no le representa ningún peligro.

El amor incondicional que recibe de las personas que lo cuidan, sumado a la seguridad que se le inculca, le permite vivir tranquilo, confiar en los demás y en el mundo que le rodea. Sus padres, al atender y acudir a sus necesidades físicas y emocionales, mantienen su inocencia e ingenuidad y reafirman el concepto de que todos son buenos y amorosos con y para él.

En el caso de este personaje, la confianza no se desarrolló de una manera normal. Tal vez existió algún tipo de abandono por parte de sus padres, percibió malestar en los demás con su presencia, resentimiento o incomodidad por la obligación de tener que satisfacer sus necesidades primordiales. Él no registra el amor incondicional y, por tal motivo, de manera casi inconsciente se siente amenazado, desprotegido y desconfiado a lo largo de su niñez, su desarrollo y adultez.

¿Cómo se desarrolla?

El celoso luce normal, su característica principal es que tiende a ser callado y reservado. Juega poco con los demás y prefiere permanecer aislado en su habitación leyendo, viendo televisión o escuchando música. Pudiera tener algún amigo en la escuela o en el vecindario, pero tiende a tener dificultades para mantener sus amistades por lo estricto y rígido.

Este personaje tiene sus ideas de cómo deben ser las relaciones y cómo deben hacerse las cosas. Es idealista y exige lealtad total a las personas que tiene cerca, pero el problema no es que exija lealtad, es que las somete a continuas pruebas. Suele ser muy posesivo con sus amigos hasta el punto de exigir, de manera directa e indirecta, que sólo se relacionen con él.

Cuando sus amigos le cuestionan sus ideas y sospechas hacia los demás, él se indigna y se siente traicionado. Sus ideas sobre cómo deben ser las relaciones interpersonales pueden estar basadas en valores muy idealistas y tienden a simplificar los eventos tratando de verlos en términos de blanco o negro, de traición o lealtad.

No le gusta la ambigüedad ni cree en casualidades, ni en situaciones improvisadas ni espontáneas. Normalmente, busca el porqué, partiendo de la premisa de que hay un propósito oculto en los eventos.

La intimidad que tiene con sus amigos y personas cercanas es incierta. Hace preguntas para conocer todos los pensamientos y sentimientos, pero no por algún interés genuino, sino por el temor de ser traicionado. Es torpe y sensitivo, y por eso también se mantiene a distancia, para protegerse.

Por esta razón, no puede pulir sus destrezas sociales como lo hacen los demás de su edad. Puede entender que está siendo íntimo y normal al preguntarle a una amiga si ha tenido experiencias sexuales con otros jóvenes y al pedirle que le dé detalles embarazosos con tal de conocerla, pero si ella le pregunta algo similar se ofende.

¿A quién escoge?

El celoso se enamora a lo adivino y se obsesiona. Algunos de ellos escogen a quien satisface su necesidad de protección para recibir un sentido de seguridad; otros escogen a quien, para ellos, no luce amenazante, una persona reservada, sencilla, callada, tranquila o introvertida.

También puede ocurrir que le atraiga algún aspecto sencillo, como su nariz, y luego elementos de la personalidad. Hay quienes miran primero los dedos de los pies o los de las manos, y una vez hecha esta evaluación, se permiten considerarla.

La persona escogida suele sorprenderse por el interés que ha despertado en él y no se puede explicar de qué forma surgió, pero tampoco sospecha del peligro. Por lo general, lo escucha sin mucho interés o sin sentir alguna atracción, pero no lo rechaza abiertamente. No logra detener el plan de seducción por falta de experiencia o seguridad. Se le hace difícil decirle "no" por temor a ofenderlo. Se impresiona por lo mucho que la conoce aún detalles que ella no le ha revelado.

Esa impresión puede convertirse en un sentimiento que confundirás con amor o temor. Ten cuidado. Quien le cree el cuento de que ha sido escogida, se enamora a pesar de que inicialmente no se sentía atraída por él. Quien siente temor, rápidamente descubre que no puede evadirlo y se siente asechada. El acoso puede ser tan insistente que te verás obligada a ceder por miedo o intimidación, con la excusa de que él es tu destino y no lo puedes eludir.

¿Qué hacer?

No puedes ser ingenua y someterte a alguien porque sabe mucho de ti. Tampoco la convicción de que eres el amor de su vida debe persuadirte o enamorarte. Este personaje se obsesiona y va deprisa. Sus miradas son penetrantes y su acecho intimida. Si con sus acercamientos y detalles te da a entender que lleva tiempo observándote y que te conoce bien ¡Alerta roja! Debes preguntar, preguntar y preguntar.

A este personaje le incomodan las preguntas y las evade; te puede cambiar el tema o contestarte a medias. Pregúntale sobre su familia, sus relaciones anteriores, sus amigos, su trabajo y sus intereses. Si desconfía, desviará el tema y te preguntará sobre ti o te hablará de sus ideas y teorías para que lo comprendas. Cuando te hable de sus ideas y sospechas fíjate en las generalizaciones que hace.

Este tipo de hombres puede tomar un detallito y crear toda una teoría de cómo hay un plan o una agenda escondida con el propósito de hacerle algún daño. Aunque concuerdes con él, detalla, cuestiona su teoría. Si se pone arisco y defensivo es una señal de que su teoría está basada más en sus ideas que en la realidad.

Escucha y obsérvalo bien. Este personaje reacciona con suspicacia en lugares públicos, desconfía de los mozos en el restaurante, se tensiona en medio de grupos de personas desconocidas. Prefiere aislarse contigo. Si está en grupo debe ser uno en el que él lleva la batuta y en el que los demás estén dispuestos a someterse a su voluntad sin cuestionarlo. O él es el líder o no participa.

En medio de todas tus preguntas, ¿te dice algo extraño? No importa el contenido. Lo importante es si a ti te parece extraño lo que dice. Por ejemplo, te dice que se baña con jabones especiales para protegerse de los gérmenes y las bacterias del ambiente. Si le preguntas acerca de ese temor, te responde con ideas que suenan un poco exageradas.

Si detectas reacciones de celos y se torna posesivo contigo, no lo interpretes como señal de amor verdadero. Esos celos no son por amor, son por desconfianza enfermiza. ¿Sospecha de tus encuentros familiares, de tus compañeros de trabajo y de tus amistades? ¿Esos celos no desaparecen cuando le explicas que no debe temer? ¿Insiste en que le demuestres que lo amas apartándote de ellos? ¿Insiste en que eres de él y de nadie más? Calmadamente cuestiónale sus ideas y temores. Si sus miedos no responden a la realidad, y no logra controlar sus celos, ponte en Alerta roja.

Si tiene estos rasgos, por más que lo ames y te portes bien, no cambiará ni te hará feliz. Si decides romper y evadirlo, te advierto que él no va a retirarse fácilmente. Insistirá en su idea de que eres su destino y te acosará. Protégete. No andes sola. No lo recibas en tu hogar ni en tu trabajo. Si te lo encuentras en lugares públicos, evádelo. No permitas que esté a solas contigo aislándote en algún rincón con el pretexto de hablar sin interrupciones "por una última vez". Si no tienes las fortalezas para mantenerte firme, busca ayuda y protégete.

"Por siempre serás mía" es una sentencia, no una declaración de amor.

Señales de alerta

- Te observa mucho y trata de adivinar tus pensamientos.
- Es posesivo, va absorbiendo más y más de tu tiempo.
- Te va alejando de tu familia y amigos.
- Es celoso compulsivo.
- Es desconfiado.
- No le gustan las sorpresas.
- Tiende a imponer su voluntad. Es controlador.
- Su opinión es la que impera, no le gusta que le cuestionen.
- Le gusta saber tu paradero constantemente.

CAPÍTULO 2

ALERTA NARANJA

La categoría naranja representa un peligro serio, pero no necesariamente de vida o muerte. El peligro se basa en el aspecto psicológico en el que el riesgo representa la pérdida de una alta calidad de vida, salud mental y estabilidad financiera. No es tan solo por el tormento al que serás sometida, sino por la recuperación que podría tardarse años y requerir ayuda profesional en todos los ámbitos.

Las personas que se describen en esta categoría no están listas para una relación de pareja. Quisieran establecer una relación duradera para construir una familia y alcanzar una vida adulta, pero no cuentan con las destrezas ni la capacidad para desempeñarse exitosamente en una relación.

En esta categoría incluyo personas que aunque no se cataloguen de destructoras, logran hacer mucho daño. No son tan peligrosas, pero tampoco pueden ser pareja porque sus deficiencias no les permiten lograr un intercambio saludable y de convivencia positiva en la que las necesidades íntimas y emocionales sean satisfactorias para ambas partes.

Una relación de pareja saludable no es fácil de sobrellevar porque requiere todo un ambiente donde los dos puedan disfrutar de la vida y del compartir con otras personas. Hay que tomar decisiones y negociar, trabajar juntos para resolver problemas y lograr metas; conocerse mutuamente y saber defenderse de manera saludable; se debe aprender a ceder, entender y aceptar diferentes situaciones.

Estos son procesos que requieren madurez, buen juicio y un mediano grado de salud mental e inteligencia. Por todo lo anterior, hay personas que no reúnen esas cualidades y, por lo tanto, no pueden convertirse en pareja.

Te explico: algunas personas llegan a edad adulta con problemas y limitaciones que muchas veces no las reconocen ni las aceptan y, por tanto, no buscan ayuda para superarlas. Cuando confrontan problemas en la relación, no admiten ni ponen de su parte para resolver la situación y esperan que su pareja se acomode y los acepten tal y como son.

Una vez su pareja decide retirarse de la relación bien sea porque se cansa o porque entiende que no habrá mejoría, sufren, piden una oportunidad y prometen cambiar; sin embargo, no buscan ayuda y sus cambios son superficiales y a corto plazo por no ser producto de un crecimiento real. Si realmente quisieran cambiar, tendrían que someterse a un tratamiento intensivo, ubicar el cambio como prioridad número uno en sus vidas y tener la motivación de que son ellos los que más se beneficiarán.

Aún con todos estos elementos presentes, existe una alta probabilidad de que el cambio no ocurra y si sucede, podrá ser tarde, cuando ya su pareja no sienta amor y se haya ido de su lado para relacionarse con otra persona.

Estos rasgos y características corresponden a personas muy problemáticas que no cualifican como pareja. No representan tanta peligrosidad, pero ciertamente la probabilidad de encontrar la felicidad a su lado es casi nula. Vas a perder tu tiempo y energía tratando de hacer funcionar una relación que no tiene norte. Es como comprar un auto precioso, pero sin motor.

DON JUAN

La película *Don Juan Tenorio* es también el nombre del personaje principal del filme, un romántico y seductor por excelencia. Es como el catador de vino que se emociona y disfruta a cabalidad de la variedad y calidad del producto que saborea. Y así como el catador, solo saborea pequeñas cantidades sin llegar a entregarse y a limitarse a una sola botella: saborea todas las botellas que elige.

Igual lo hace con las mujeres. Don Juan vive la vida apreciando los gratos momentos que surgen y las buenas mujeres que se encuentra en su vida llena de aventuras.

En la película *Don Juan DeMarco* Johnny Depp encarna al hombre que sabe encontrar la belleza en cada mujer y logra despertar en ellas la pasión. En una de las escenas, él entra a un restaurant y encuentra a una mujer hermosa que está esperando la llegada de su acompañante. Al tomarle la mano observa sus nudillos y, acto seguido, le declama un piropo en el cual describe la perfección de esa parte de su mano. Sus palabras son suaves, seductoras sin provocar duda alguna sobre su sinceridad. Ella se rinde ante él.

¿Quién es Don Juan?

Don Juan domina el arte de la palabra, no como erudito,

sino como herramienta para enamorar. Su labia es la perfecta oportunidad para describir lo bonito que ve y lo que aprecia en la mujer elegida. Sus palabras no son mentira, son el reflejo directo de lo mucho que disfruta a las personas que enamora.

Es detallista. Don Juan identifica el perfume, el color, la vestimenta, el detalle del gusto particular de su enamorada. Hasta puede ayudarle a escoger el color del tinte para su cabello o los muebles del hogar. Cuando obsequia detalles muestra su habilidad para agradar e ilusionar a quien seduce.

No se atrevería a obsequiar un arreglo de flores sencillo si puede obsequiar uno mucho más llamativo. Su estilo es extravagante y generoso porque su intención es deslumbrar a la persona que pretende seducir. Cuando se propone a enamorar, lo hace con mucho empeño y dedicación. Con el tiempo, establece y perfecciona un estilo de atraer a su pareja a prueba de cualquier resistencia.

Es un personaje interesantísimo. Lleno de aventuras y con gustos muy variados, puede entretener con sus experiencias a cualquiera. Escucharlo es divertido y hasta su tono de voz es seductor y melodioso. En sus narraciones solo detectarás un toquecito de egoísmo y falsedad, pero Don Juan realmente vive sus aventuras.

Cuando se interesa por tus amistades y va conociéndolas una a una, también va ganando puntos a su favor. De igual manera conoce a tu familia y la enamora. Llega con obsequios para agradarla y la entretiene hasta el punto de que llega a preferir su presencia a la tuya. "¿Dónde encontraste un hombre tan encantador, elegante y agradable?", te preguntará todo el que lo conozca.

Don Juan es un príncipe azul, un artista de Hollywood. Sin embargo, Don Juan es solo apariencia. No tiene profundidad en sus acercamientos, y aunque parece escuchar, no lo hace. No atiende la realidad de quien seduce, su acercamiento se dirige a disfrutar de una buena compañía y a gozar de un encuentro sexual. No es su meta establecer una relación de compromiso y formalidad. Aunque parezca que está muy enamorado y entregado a su amada solo es una ilusión que él crea, especialmente si recién te conoce.

Cuando Don Juan inicia una relación le dedica mucho tiempo. Sus llamadas y citas son frecuentes. Se entrega totalmente a la conquista de quien le ha atraído. Esa lluvia de atenciones y de halagos dura hasta que logra la conquista. Luego del primer encuentro sexual o poco después, empieza a sentirse su ausencia.

Lo llamas y en vez de escuchar su voz oyes la grabación de la máquina contestadora, los encuentros comienzan a limitarse y a ser menos públicos, y se va retirando sin aviso y sin razón. Sin embargo, cuando reaparece, demuestra el mismo interés y encanto que al principio y justifica su ausencia con trabajo y contratiempos que de momento surgen en su vida como impedimento para compartir contigo.

Esas ausencias se deben al encuentro de una nueva aventura. Don Juan no tiene contrato de exclusividad con ninguna mujer, cree en la posibilidad de compartir con otras mujeres que también llamen su atención y piensa que puede hacer feliz a varias a la vez. Este arte estriba en no arriesgarse innecesariamente a ser descubierto en su infidelidad.

Por ejemplo, Don Juan puede optar por no utilizar el primer nombre de su amada para así no confundir a una con la otra y utiliza frases y nombres bonitos como, bella, amor, mi vida, querida, entre otros. También tiende a concentrarse en compartir con la familia y amistades de su amada, pero no con la de él.

Siempre inventa motivos para que su familia no esté disponible y evitar que ellos provean su información íntima. Además, Don Juan se protege mucho para no embarazar a sus amadas y así no tener responsabilidades que lo amarren.

Cuando surjan situaciones de dificultad o contratiempos en tu vida Don Juan no te faltará. Si lo que necesitas es orientación o dinero, todo será para ti siempre y cuando sean asuntos simples de solucionar, ya que él no se empeñará por resolver tus angustias y hacerte feliz.

Don Juan no tolera las confrontaciones ni los reclamos y, cuando surgen, se ausenta por un tiempo mientras su amada se tranquiliza y vuelve a la normalidad. Por lo general, los reclamos giran alrededor de sus ausencias, lo que abre el escenario propicio para las mentiras: él no admitirá jamás que su tiempo es compartido con otras mujeres.

Si lo atrapas en la mentira, se presenta como la víctima del acecho de la otra mujer, sus cuentos pueden ser fantásticos y dignos de una novela romántica de Corín Tellado. Lo cierto es que no aceptará su incapacidad de ser fiel.

¿Por qué son así?

Es un ente con una buena dosis de narciso y con un talento especial para seducir. Se disfrutar el momento y a las personas. Su talento para seducir es producto de su inteligencia, su sensibilidad y habilidad extraordinaria para observador y mucha práctica dedicada a lograr el efecto que desea en las mujeres.

¿Cómo se desarrolla Don Juan?

La habilidad para enamorar y seducir la adquiere desde pequeño. Son niños coquetos que se ganan el aprecio de todos. Aprendieron a sonreír y dar besos a petición de sus padres. Sus miradas coquetas no solo le ganaban el cariño de los demás, sino que también conseguían trato especial, obsequios y le perdonaban sus faltas a cambio de una sonrisa y un beso.

Le enseñaron el valor y el aprecio por las personas y a distinguir entre lo bonito y lo no tan bonito, mas no de lo bonito y lo feo, por eso para él todo tiene su encanto y su gusto. Aprendió desde pequeño que disfrutar la vida también incluye disfrutar de varias opciones ("¿Cuántas novias tienes? Deben ser muchas con lo guapo que eres").

La experiencia en la adolescencia probablemente fue muy similar a la de la niñez. Se convirtió en un joven muy apuesto y popular, aquel que las muchachas adoraban. Y sin importar que de vez en cuando alguna se quejara de su coqueteo, todas se peleaban por ser las escogidas. Él, muy probablemente, pensaba que con el tiempo podría complacerlas a todas.

El juego de conquistar y seducir, que a otros le produce tensión por el miedo al rechazo, para Don Juan es todo un arte. Si hay resistencia, la convierte en un reto que sabe disfrutar; de lo contrario se siente tan cómodo coqueteando que puede convertirlo en su fuente principal de recreación, placer y, al mismo tiempo, como elementos de distracción de todos los aspectos negativos y frustrantes que pueda existir en su vida. La conquista, el coqueteo y el despertar interés en las mujeres es su mayor placer.

De adulto plantea su propia teoría sobre las mujeres y las cataloga de acuerdo a las cualidades especiales que ha descubierto en ellas. Hasta de una escoba con falda puede lograr un romance. No se fija en lo negativo, y si no encuentra nada positivo, identifica rápidamente algún potencial encanto. Por esta razón, nunca rechaza a una mujer, pues "todas tienen algo bonito para ofrecer, simplemente hay que saber descubrirlo y conquistarlo".

No aprende a establecer una relación íntima y comprometida. Es como un jabón mojado entre las manos: mientras más lo aprietas, más se te sale de las manos. No le gusta estar atado a una persona, su libertad emocional es primordial. No sabe cómo enfrentar dificultades en la relación, y cuando surgen roces o momentos difíciles, los espanta con sonrisas, mimos y cariñitos. Simplemente no lo incluyas en la toma de decisiones ni en los malos ratos, él prefiere que le informen. Si lo presionan mucho, se va.

¿A quién escoge Don Juan?

A todas. Él no discrimina. Puede que se detenga y se recree más con unas que con otras, pero no es monógamo ni exclusivo. Puede enamorarse de una rubia hechizante como de una mujer simple y sin encantos. Siempre justificará sus gustos con el atractivo que tenga la mujer de turno. Principalmente escoge a la mujer que se deja seducir y que disfruta de sus atenciones.

Si fija en cualidades y atributos llamativos y no tan llamativos. La mujer simple, por ser el tipo de mujer que no es considerada atractiva y no estar acostumbrada a que se fijen en ella, está muy receptiva a sus gestos y atenciones y se deja seducir fácilmente.

Es cierto que en muchos casos de infidelidad la mujer es la última en enterarse, pero no necesariamente es la última en sospechar que algo está pasando. Mujeres inteligentes pueden ser muy ingenuas por falta de experiencia y por vivir con la ilusión de que el amor es como en los cuentos de hadas. Son mujeres que prefieren resaltar lo positivo y no las debilidades ni defectos de las personas, y así mantener una actitud positiva y disfrutar de quienes están a su alrededor.

Cuando les dicen cuentos, los creen ciegamente. Si surge un problema o una señal de traición prefieren no confrontarla y huyen o simplemente cortan relaciones. Esta estrategia no las hace sentirse protegidas y el problema se agudiza cuando un personaje como Don Juan, muy hábil para enamorar a quien se lo propone, la enamora y ella, ya entregada y enceguecida, no le resulta fácil huir de él o evadirlo.

Se te hará casi imposible confrontar a Don Juan. En lo que logras tener el valor de preguntarle y cuestionarle directamente, no te quedarán energías para cuestionarle sus excusas y explicaciones. Con la primera respuesta que te dé, te convencerá. No sabrás cómo ponerlo en jaque para que admita que también comparte con otras mujeres.

Si lo admite, tendrás que decidir si prefieres dejarlo y estar sola, o aceptar compartirlo para no perderlo. Las mujeres que son conquistadas por Don Juan, en el fondo prefieren vivir engañadas que solas. Lo que él ofrece, aunque compartido, es mejor que lo que otros les han ofrecido.

Por otro lado, hay mujeres que a pesar de ser atractivas tienen personalidades difíciles y espantan a hombres inseguros. En este caso, Don Juan lo toma como un reto y se da a la tarea de conquistarla. Con insistencia y habilidad logra enamorarla.

Esta mujer, que pudiera parecer experta y asertiva, no lo es y cae ante la insistencia de Don Juan. Puede hasta quedarse sin herramientas para rechazarlo y tener que aceptar que Don Juan sí la aprecia y la disfruta, pero no para llegar al matrimonio.

Algunos escogen la que será su esposa y con quién formará su hogar. Esa será la que lo reciba y lo cuide en momentos especiales. Esa será la escogida por lo buena e ingenua, con habilidad para establecer un hogar, respetuosa y de valores culturales asentados. Don Juan no tolera que le peléen, que lo regañen ni le exijan, por lo tanto, debe ser una mujer complaciente y sumisa y, al mismo tiempo, inteligente, pero afable, tranquila y sobretodo que no sospeche de sus andanzas y que no se atreva a confrontarlo.

¿Qué hacer?

Lograr distinguir a primera vista a un Don Juan de un pretendiente amoroso y con la capacidad de comprometerse con una relación es muy difícil. Su seducción es tan pulida que logra engañar hasta al más malicioso. Suele desaparecer luego de la conquista, lo que va arrojando luz sobre su carácter real. Si cuando preguntas por sus amistades y su familia recibes respuestas ambiguas que no te dan información específica, puedes empezar a sospechar.

No intentes conquistar o atrapar a Don Juan. No creas que eres especial para él ni que te distingue entre las demás. Todas las frases y atenciones especiales que emplea contigo no son un indicativo de lo importante que eres para él ni de la posibilidad de comprometerse contigo; son sólo frases que utiliza para lograr su propósito de conquista y las dice casi en piloto automático.

Don Juan es una verdadera tentación. Es casi imposible decirle "no" a sus encantos. Mientras más rápido puedas identificarlo, mejor. Si es casado tampoco lo descifrarás porque, por ejemplo, no usa su aro matrimonial.

Te daré unos ejemplos típicos de Don Juan al acercarse a una mujer atractiva: "Me encanta el perfume que llevas", a lo que ella responderá: "No sé cuál, porque no utilizo perfume". Otro Don Juan le declaraba a su amada que ella sería quien le cerraría los ojos al fallecer, una imagen enternecedora y muy encantadora, excepto que a la hora de morir iba a haber una fila de mujeres con esa misma encomienda.

Las atenciones de Don Juan son parte de su forma de ser. Él se saborea y se recrea en las mujeres que conoce. Observa su mirada coqueta con las meseras, observa cómo le brillan los ojos en presencia de mujeres atractivas. Es como un niño en una tienda de juguetes. No es que te desatienda, es que te disfruta a ti y se recrea visualmente con las demás.

Pregúntale cuáles son sus gustos. Te compartirá su teoría sobre por qué las mujeres han sido la bendición de Dios en la Tierra, te hablará con detalle y placer sobre las cosas que le encantan en las mujeres. Consúltale sobre otras mujeres en su pasado, te puede hablar de las muchas que ha conocido en distintos momentos de su vida.

También te hablará de que no entiende cómo un hombre puede desatender a una mujer, por más fea que sea. Te dirá que jamás le pegaría a una mujer, porque todas son reinas y princesas puestas en la Tierra para ser amadas.

Inquiere también acerca de cómo maneja sus conflictos y problemas y te dirá que no es momento para hablar de temas tan serios y aburridos, que no es el momento para desperdiciar con asuntos que no vienen al caso. Pregúntale si tiene o desea tener familia y criar hijos y te responderá que eso es cosa de mujeres, que ellas pueden dedicarse con éxito a esas tareas para las que los hombres son totalmente ineptos ("Los hombres pueden quererlos, pero jamás criarlos como una mujer").

Hablar de compromiso y matrimonio con Don Juan es como hacerle la señal de la cruz a Drácula. Su primera reacción será una risa nerviosa y, la siguiente, preguntarte por qué quieres dañar lo que anda tan bien.

A Don Juan no le gusta que la mujer lleve la batuta en la conquista. No le gustan las mujeres que no se dejan querer. Si insistes en ser asertiva y seducirlo detectarás que le incomoda. Él es quien escoge el lugar, día y hora del encuentro. Si insistes, se distanciará y regresará a intentarlo a su manera nuevamente.

Si descubres que te estás enamorando de un Don Juan, sal corriendo lo antes posible, de lo contrario te encontrarás llorando y sufriendo por su infidelidad y sus ausencias, mientras él seguirá llegando a tu puerta como si nada sucediera. No te paralices con los encantos de Don Juan, pues harán lucir a cualquier otro pretendiente como un patán.

No encontrarás otro igual a la hora de seducir y enamorar, por lo tanto, mientras menos te expongas a él mejor será para ti. Debes disfrutarlo como un rico postre, solo en pequeños trozos. Si te excedes, tendrás problemas.

Jamás podrás saciar el paladar de quien ha descubierto que cada mujer tiene su propio sabor y encanto.

Señales de alerta

- Es coqueto y seductor con su mirada.
- Es galante y hablador.
- Coquetea hasta con señoras muy mayores.
- Es detallista.
- Es aventurero sentimental.
- Es caballeroso.
- Es irresponsable. Llega tarde, pero con una agradable sonrisa.
- Mira constantemente a su alrededor, saluda a todo el mundo.
- Habla muy bien de las mujeres y sus conversaciones se enfocan en mujeres.
- Es infiel y no siente culpa ni vergüenza por ello.

KING KONG

Existe un personaje con quien podrás compartir algunos aspectos de tu vida, pero con quien difícilmente lograrás compenetrarte sexual e íntimamente.

La historia del personaje de la película *King Kong* ejemplifica esta problemática. King Kong era un gorila gigantesco y temible que buscaba una pareja para enamorarse, pero no una gorila como él, sino una mujer, la más bella de la aldea. Para conseguirlo, mantenía bajo amenaza a sus habitantes, quienes debían estar dispuestos a hacer cualquier sacrificio para mantenerlo satisfecho.

La heroína de este filme, el personaje de Ann Darrow, al ser la escogida, se convirtió en la encarnación del conflicto y se debatió entre el bienestar de los aldeanos y su propia felicidad. Porque su familia y la aldea entera se beneficiarían de su sacrificio personal.

Él, un gorila torpe e inhumano, pero realmente enamorado, transforma su hostil comportamiento al adueñarse de la joven e intenta llevársela y retenerla solo para él. A ella lo único que podía salvarla era la esperanza de llegar a "amar" a King Kong.

Un amor imposible en todo el sentido de la palabra. King Kong no puede hablarle a su enamorada ni comunicarse efectivamente, excepto en lo más instintivo. No existe compatibilidad en sus intereses ni necesidades, su crianza y su cultura son opuestas. Y aunque existiera compatibilidad, no hay posibilidad de mantener una relación intima ni en el plano físico ni en el emocional.

King Kong logra enternecer a su amada con todo el amor que le profesa, por su absoluta lealtad, cariño y deseo, y logra que ella no lo vea tan monstruoso. Él, enamorado de un imposible; ella, atrapada por ese amor.

Al final de la historia, la ternura de la mujer hacia el gorila nunca se convirtió en amor de pareja. Pareciera que existiera la posibilidad de que ella lo amara y transformar la tragedia en un cuento de hadas, lo que sería perfecto para todos: King Kong, la aldea y la heroína. Sin embargo, la fantasía del cuento de hadas se quedó en solo una fantasía. La única esperanza para la heroína era liberarse de King Kong.

¿Quién es King Kong?

Los personajes representados por King Kong no necesariamente son grandes y feos, la relación que existe es que representan el amor imposible. Estos se enamoran y aman entrañablemente a quien realmente no los ama. Su pareja no los considera como candidato, no le encuentra ningún atractivo físico. Es más, ni siquiera se percata de su existencia hasta que él mismo se presenta y, más adelante, la insistencia de todos la obliga a tomarlo en consideración.

Compartir con él se convierte en una rutina o costumbre agradable. Las atenciones de esta persona "perfecta" son difíciles de rechazar. King Kong no escatima en sus consideraciones, en sus detalles, en su comprensión y compromiso. Rechazarlo y despreciar lo que ofrece sería una falta. Por otro lado, quien lo observa, puede identificar rápidamente el amor profundo que siente por su escogida. Es la unión perfecta.

Todos celebran y están complacidos, excepto la persona escogida. Esta, sin darse cuenta y sin querer, ha caído en una trampa enorme sin posibilidad de encontrar una salida airosa. Si confiesa su falta de amor, automáticamente será vista como malagradecida. Le preguntarán: "¿Por qué aceptas sus atenciones si no lo amas?" o "¿cómo es posible que no lo ames? Debes sentirte agraciada. Algo anda muy mal en ti si no lo amas".

Por otro lado, ella misma intenta amar a quien, al parecer, es digno de amar y la hará feliz el resto de vida. Piensa en sus detalles y se enternece en su trato para con su familia y lo agradece; disfruta sus conversaciones y se siente alagada por su cariño y sus atenciones. Él la conoce mejor que nadie, anticipa sus intereses y sus necesidades, la atiende como a una reina.

Ante tanto amor ella busca sentir lo mismo. Logra sentir afecto, cariño, respeto y admiración. Lo que nunca logra sentir es deseo y pasión. Sus besos no la excitan ni la apasionan, su contacto físico lo tolera y lo recibe siempre, aunque ella no perciba pasión en su acercamiento.

Los demás le cuestionan su comportamiento seco y poco cariñoso. La mujer llega al punto de creer que realmente no sabe amar. Si no ocurre ningún evento que la despierte, puede entender que su King Kong es su pareja destinada y que con él pasará el resto de su vida.

Para muchas heroínas, el desenlace final es una vida apacible, estable y fructífera junto a King Kong. Todo el mundo le expresa su aprobación por tan buena familia y por tanta dicha que logró obtener. Para otras, con el pasar del tiempo, se agudiza su convicción de que está atrapada con alguien muy bueno y salir de esa relación es casi imposible.

Ya no puede dejarlo por las raíces que él ha echado con su familia, con sus amistades y hasta con ella misma. No se imaginan la vida de ella y de ellos sin King Kong. Por otro lado, pensar en lo que él sufriría si ella lo dejara, despertaría profundos sentimientos de culpa.

Tomemos el ejemplo de una pareja con este dilema:

Ellos se conocieron de adolescentes. Él tenía 19 años y ella 18. Ambos criados en una familia muy religiosa y de valores tradicionales. En sus primeros encuentros a ella le agradó su forma afable y lo bien que expresaba sus ideas y opiniones. Él le hablaba de poemas que había escrito. En una salida al cine él se le acercó y la besó con mucha ternura. Por fin él se atrevió a besarla. El se había enamorado de ella desde la primera vez que la vió. Ella no. Cuando él la besó, ella lo disfrutó, pero fue la experiencia de un beso y una caricia que nunca había vivido. Era su primer beso.

Su relación llegó a ser más sexual, pero nunca hubo desnudez total ni penetración. Ella, dejándose llevar por la curiosidad y por un placer que era nuevo en su vida, pensó que había llegado muy lejos y que debería comprometerse con él a pesar de que sospechaba que lo quería, pero no lo amaba.

De esa manera aceptó casarse. No estaba segura de lo que sentía hacia él, pero entendía que era su deber casarse con el hombre que había sido "dueño" de su cuerpo. El día de la boda lloraba, no de emoción y alegría, sino de miedo. La noche de su boda tuvo que beber mucho champagne para poder sostener la intimidad sexual que realmente no deseaba.

No tardó mucho en descubrir que se había equivocado. Pero ya era tarde. Decidió que a pesar de que no lo amaba iba a lograr hacer vida de familia y ser feliz. Se propuso complacerlo en todo y así corresponder todas las atenciones que él le brindaba. Cuando llegaron los hijos se entregó a la crianza de ellos. Era una madre perfecta y una esposa ejemplar.

Sin embargo, algunas veces se sentía triste y

frustrada. Una canción romántica le recordaba que le faltaba amor, y cuando él la buscaba sexualmente, ella ya no encontraba otra excusa para negarle su derecho conyugal. Se sentía violada y a la misma vez culpable por no amarlo.

Todo hubiera seguido igual, pero después de unos años de casados, él insistió en cuestionarle su falta de pasión, la confrontaba con que algo andaba mal en ella. Fueron a varios sicólogos, siquiatras, seminarios y retiros de pareja. Él alquilaba películas pornográficas, la llevaba a hoteles lujosos, buscando siempre romper la barrera que él sentía entre ellos y que nunca pudo definir.

Finalmente, y muchos años más tarde, bajo una discusión de horas, ella admite ante él: "Yo no te amo". En vez de ser la contestación a la pregunta de tantos años, su declaración se convirtió en el comienzo de todo un forcejeo para entender el porqué y desde cuándo.

Él no podía comprender y mucho menos aceptar que ella no lo amara. Ella no quería herirlo ni perderlo. La vida que él le ofrecía tenía mucha seguridad y comodidad. Tenía familia, amistades, un estatus en la iglesia, un liderazgo en la comunidad. Ella no podía provocar un disgusto tan grande a sus hijos que tan orgullosos estaban de sus padres.

A los 60 años, ella no quería aprender a dormir sola, tampoco quería tener el estigma de mujer divorciada. Él en cambio, se sentía engañado y traicionado. No podía ver el sacrificio de su esposa, el sufrimiento que su secreto le ocasionó por tantos años. Tampoco podía dejarla fácilmente, porque él sí la amaba ("Siento que soy egoísta cuando la busco sexualmente, porque ya sé que no me desea y se somete como un favor. Me da coraje, pero yo sí la deseo y tengo derecho a tener sexo").

¿Cómo se sale de esta trampa y de esta cárcel? La salida de este dilema es muy dolorosa. Esa pareja logró una solución luego de mucho esfuerzo. Lograron rehacer sus vidas y ser felices, cada cual con un nuevo amor. Se han mantenido como los buenos amigos que debieron haber sido en vez de esposos, pero eso no ocurre con todas las parejas. Muchas no lo logran, se resignan y huyen de la crisis que provocaría la ruptura de la relación "perfecta". Trágicamente, ha habido personas que optan por el suicidio como única salida.

Mientras más tiempo pase y más raíces se hayan establecido, más difícil es resolver la situación. Lo idóneo es no llegar al compromiso social y legal con alguien que no amas. No pienses que luego de casarte llegará el amor. Llega el cariño, el respeto y la admiración, pero nunca el deseo y la pasión.

¿Por qué son así?

Los King Kong son personas muy buenas y nobles. Desde pequeños han sido buenos, no son de quejarse, quieren complacer y cumplir con sus padres, con los maestros y con todo el mundo. No tienden a ser físicamente atractivos, pero son un "alma de Dios". Se crían con valores humanos muy altos y tienden a ser muy rectos.

¿Cómo se desarrolla King Kong?

Desde pequeños aprenden a "ganarse" el amor y el cariño de los demás. "Mi hijo es tan bueno", es una frase que se escucha frecuentemente. Son buenos porque se comportan de manera correcta, porque cooperan con la mamá y con los maestros, suelen ser muy responsables y efectivos en lo que se proponen. No causan problemas, al contrario, los resuelven. Tienden a ser muy confiados en sus habilidades y capacidades.

Toda esa bondad y nobleza no incluye la fortaleza para tolerar que los rechacen. Son tan buenos y de pocos antojos que cuando se enamoran no esperan un "no" como respuesta a su amor. Son muy pacientes y comprensivos, pero pueden ser ingenuos. No tienen mucha experiencia romántica y, por lo tanto, no pueden reconocer las señales de falta de amor. Confunden interés con amor. Por otro lado, se agarran de ese poco interés para esforzarse y lograr convertirlo en amor.

¿A quién escoge King Kong?

Serían la pareja ideal si el amor fuera mutuo. La persona a quien King Kong escoge es generalmente atractiva, cariñosa y de buenos sentimientos, tanto que reconoce las cualidades de King Kong, las aprecia y las valora. Sin embargo, no siente pasión ni atracción. El sentimiento de amistad que surge desde el principio le permite disfrutar las atenciones de King Kong con las que se siente segura, respetada y alagada. Todo lo positivo contrarresta la falta de pasión y atracción física.

Una mujer inexperta con ideales elevados es usualmente ingenua. Puede pensar que el amor y la pasión pueden ser el producto de otras grandes cualidades. Para esta mujer las atenciones y el enamoramiento de un King Kong resultan ser muy atractivos. Puede pensar que si estos elementos existen, lo otro llegará con un poco de esfuerzo.

Si no siente pasión ni atracción física, puede pensar que es cuestión de darle más tiempo a la relación. Esto implica, seguir alimentando las esperanzas de King Kong. Él continuará con su enamoramiento, que llama "amor", dependiendo de que ella ceda para ser cortejada.

La mujer que King Kong escoge suele ser una mujer con buenas intenciones y nobleza, que no le gusta ofender ni herir, no es de arriesgarse a contradecir a la familia ni a la sociedad. Si ella siente que se ha aprovechado de las atenciones de King Kong, se sentirá culpable de lo que él sentirá cuando ella lo rechace.

Tampoco es una mujer de riesgos. Decirle "no" a King Kong significaría dejar ir a un buen hombre que todo lo da y más tarde quedarse sola y no encontrar otro igual. Este tipo de mujer prefiere la seguridad.

¿Qué hacer?

Si estás compartiendo con alguien que disfrutas y con quien te sientes bien, pero te cuestionas con frecuencia si lo amas, no te comprometas. No te propongas amarlo. Si los sicólogos hubiéramos descubierto la manera de despertar el amor donde no lo hay, seríamos millonarios.

El amor puede crecer y profundizarse, pero no hemos encontrado la manera de despertar la pasión. No es frigidez, ni trauma, ni falta de técnica. Cuando no hay atracción física es muy poco probable que surja más adelante en la relación.

El mayor dilema es que King Kong puede ofrecer muchos elementos importantes y deseados a tu vida. Te sentirás querida, respetada, segura y complacida. Esta última es la más debilitante. King Kong tiende a amar complaciendo. Por amor te llega a conocer finamente y así anticipar tus antojos y necesidades. Se ocupará de satisfacerlas todas.

Es más, te malacostumbrará porque te convertirá en su centro y todo girará alrededor de su meta: hacerte feliz a su lado. Y lo serás. Te faltarán muy pocas comodidades y se te hará difícil encontrar a alguien como él. King Kong no es cualquier gorila. King Kong es el rey y el más grande de todos.

No te dejes llevar por la comodidad de la relación que él te ofrece. No te dejes tentar y convencer de que lo que sientes es amor y que solo tienes que cultivarlo para llegar a sentir pasión. Sabes que algo importante falta. No menosprecies ese elemento, pues es lo que distingue el amor de pareja del amor por un amigo. No es un pequeño detalle es el elemento esencial en el amor.

La intimidad sexual con un hombre que no amas es martirizante. Sólo en algunos momentos en que tus hormonas te enciendan el interés fogoso en el sexo, podrás disfrutar de tu pareja. La mayoría del tiempo estarás fingiendo y procurando satisfacerlo lo más rápido posible para minimizar la incomodidad.

Muchas mujeres se valen de un sinnúmero de excusas para evitar la intimidad sexual, luego se convierte en costumbre huirle y hasta la caricia más inocente se evade con tal de no regalarle la ilusión de que ella está disponible para él. Los reclamos de él son válidos, pues ella es su pareja y presionará hasta lograr su propósito. La mujer en medio de este dilema, puede llegar a tomarlo como una violación y procura eliminar de su vida el interés sexual. Por lo general, ni él ni ella logran un buen resultado.

No digas que sí cuando no sientas amor o pasión. Si estás clara de que lo que sientes son cosas bonitas, pero no pasión ni amor, hazle un favor a él y a ti misma. Los dos deben encontrar el amor en sus vidas. Te recomiendo que le hables con sinceridad. A él no le van a hacer sentido tus palabras:

"Tú eres muy bueno, estas cosas de ti me parecen especiales: tu sensibilidad, tu caballerosidad, lo considerado y complaciente. Yo quisiera añadir que te amo, pero no es así. Te aprecio y te tengo mucho cariño. Mi familia está encantada contigo y te quieren, incluso, más que a mí, pero yo no puedo traicionarte y aprovecharme de lo bien que lo paso contigo y de todo lo que me ofreces sabiendo que no te amo. Todo lo bueno y hermoso que tienes dáselo a alguien que te ame. No te conformes con el aprecio y cariño que yo te pueda brindar. Mereces amor de verdad".

A él le partirá el corazón escuchar tus palabras y tratará de convencerte de que si sientes cariño, más tarde surgirá el amor. Cuando lo escuches no le prestes mucha atención, te convencerá.

Mantente firme en que no puedes ser su pareja. Si él insiste y logra que titubees, busca ayuda. No lo consultes con personas que lo conocen porque te aconsejarán que no lo rechaces. Recuerda, él representa la "felicidad" de todos los que te rodean, porque estarían tranquilos de verte con tu pareja ideal.

Consúltalo con alguien que no lo conozca, que tenga experiencia y que esté de tu lado. Una persona ingenua y romántica también se dejaría convencer por todo lo bueno que te ofrece. Si no tienes a alguien así, busca ayuda profesional. No permitas que te convenzan de lo que no sientes. Al fin y al cabo ni tú ni él serán felices.

No existe magia, ni brebaje o tratamiento que logre nacer un amor apasionado, donde no lo hay. No dejes que el amor que otro sienta por ti te condene a nunca sentir el verdadero amor.

Señales de alerta

- No sientes atracción física.
- Te inunda de atenciones y regalos.
- Le gusta mantenerte distraída y decirte cosas bonitas.
- Te complace a ti, a tu familia, a tus amigos.
- Es organizado.
- Es persistente e insistente.
- Es generoso.
- Se enamoró de ti en poco tiempo y no acepta un "no" de tu parte.
- Tiene creencias religiosas y valores muy estrictos.
- Es sensible y atento.

MR. INERCIA

Hay personas que representan muy bien una de las leyes de la ciencia física, la ley de la inercia. Esta ley describe la tendencia a mantener la actividad o la inactividad actual y la resistencia al cambio. Cuando busqué un personaje clásico que pudiera representar a este tipo de persona no logré encontrarla en un rol protagónico. Luego de muchos intentos me frustré, pero entendí que encontrarlo sería una total contradicción.

Te explico: para ser un personaje recordado debes destacarte y llamar la atención y eso va totalmente en contra de la personalidad de Mr. Inercia, pues es un personaje que se esfuerza poco y no se arriesga por nada, por tanto, nunca logra un rol estelar en la vida y eso se transmite en el cine. Entre las metáforas que usan las parejas de Mr. Inercia para referirse a este personaje, se encuentran: "piedra en poso", "muebles", "ni fu, ni fa", "un huevo sin sal".

¿Quién es Mr. Inercia?

Mr. Inercia es una persona "buena" que no da problemas mayores. Es el tipo de persona que mantiene rutinas constantes y cumple con su trabajo y con las tareas que se le asignan. No es de conducta problemática, es de los que "no rompe ni un plato"; es muy estable, con muy pocas sorpresas y arranques emocionales. Mr. Inercia es la estabilidad hecha persona.

No encontrarás en él o ella problemas de alcohol o drogas, no es de despilfarrar dinero frívolamente, no es de antojos especiales ni mucho menos de ser infiel. No te levantará la voz ni te agrederá en medio de un conflicto. Mr. Inercia no te causará problemas, por el contrario, los evitará. Su conducta es muy pasiva.

Cuando conozcas a Mr. Inercia te llamará la atención lo tranquilo, serio y llevadero que es. En una fiesta o reunión de familia él es el que está sentado en una esquina sin molestar a nadie. Cuando llamen para sentarse en la mesa a cenar, él seguirá instrucciones, no se servirá de más ni hablará temas inadecuados; probablemente se limitará a asentir con su cabeza a comentarios de las personas presentes.

Algunos son capaces de participar activamente en las conversaciones y aportar información que han leído y han aprendido de otros, pueden ser hasta entretenidos en sus relatos de incidentes que han vivido y ser muy buenos narrando eventos en detalle. Sin embargo, no son de extralimitarse ni de ser llamativos.

Su tranquilidad, calma y seriedad resulta, para muchas personas, su atractivo principal. En medio de una fiesta alborotada, o una reunión de familia emotiva, la pasividad de Mr. Inercia será la nota discordante y por ello llamará la atención. Entre el bullicio, su silencio y compostura se presta para ser interpretada como madurez, paz interna y fortaleza.

Si te llama la atención su conducta y te acercas, te recibirá sin bombos y platillos, pero tampoco te rechazará, él aprecia la energía y la espontaneidad de otros. Puede disfrutar tus comentarios, aunque sean sarcásticos, y disfrutar los chistes y las ocurrencias que demuestren tu inteligencia y tu creatividad.

Es persona de escuchar y de permanecer sentada y tranquila durante el tiempo que sea necesario. No te va a contradecir cuando le hables de tus opiniones o de tus intereses, te escuchará interesado en lo que son tus experiencias.

Mr. Inercia llega a la vida de su pareja como un oasis y como una "Roca de Gibraltar" para quien ha tenido mucha inestabilidad y cambios en su vida. Es un candidato atractivo para la mujer que ha sufrido discriminación por ser mujer con un notable grado de astucia e inteligencia.

Este tipo de hombre atrae por la estabilidad que pudiera traer a la vida de alguien que es visionaria y de mucho empuje, pero que también como suele darse, es desorganizada, impulsiva, de arranques y de altas y bajas en su estado anímico. Mr. Inercia, con su imagen de tranquilidad, resulta ser muy atractivo como complemento y balance perfecto de una pareja exitosa.

Para Mr. Inercia la energía y emotividad de quien se le acerque como acompañante, le traerá la chispa que le falta a su vida. Tiene empleo, una vida estable y cómoda, pero carece de la emoción y la alegría que desearía tener en unos momentos. Por esto cuando se le acerca alguien con esas cualidades se llena de la esperanza de poder alcanzar una vida emocionante.

Desde el sentido común es la combinación ideal. Una parte es "enérgica, ambiciosa y alocada", la otra es "madura, tranquila y estable". El concepto que describiría a esta pareja es de dos medias naranjas que se complementan perfectamente. Lo cierto es que cuando esta combinación se lleva al altar, la felicidad y la prosperidad los acompaña solo por un tiempo.

Mr. Inercia le permite a su pareja tomar la dirección de los eventos importantes, tales como los arreglos de la boda, la compra de la casa, el manejo de las finanzas, etc. Él opinará de vez en cuando, pero si su pareja no está de acuerdo, él cederá sin mayor conflicto y entiende que si su pareja está convencida de su punto de vista, él puede dar el paso, adaptarse y apoyarla.

Si su opinión se basa en que no es necesaria tanta atención a ciertos detalles, y que algo más simple y económico sería más sabio, no insistirá en su postura y aceptará lo que sea para complacer a su pareja y no causar problemas.

Cuando le deleguen tareas no se opondrá, lo aceptará y planificará para cumplir, pero existe un detalle: el paso de Mr.

Inercia no es el mismo que el de su pareja. Si lo asignado requiere mucho esfuerzo o si confronta complicaciones, él tenderá a pensar, pensar y pensar en cómo resolver la situación.

En cuanto su pareja le pregunte sobre el estatus de lo asignado, él le contestará que tiene todo bajo control y que está trabajando con el asunto. "No te preocupes, yo lo manejo", será su contestación. Es posible que el "yo lo estoy manejando" se convierta en un conflicto desde el momento en que su pareja descubra accidentalmente que no se está resolviendo ningún detalle importante. Ella siempre tendrá que intervenir para poder resolver.

El problema de Mr. Inercia no son sus intenciones, que siempre son buenas, de lo que carece es del dinamismo necesario para cumplir con sus buenos deseos. En realidad, Mr. Inercia es "poquita cosa" cuando surgen los problemas, cuando haya que enfrentar situaciones difíciles o llevar un ritmo más acelerado. La estabilidad que resulta tan atractiva inicialmente en la relación, luego se convierte en el mayor conflicto.

Lo que inicialmente se interpreta como madurez y tranquilidad, se traduce en comodidad, conformismo y vagancia. Aunque no se opone a los esfuerzos ni a las actividades de su pareja, su pasividad se convierte en una fuente de estrés e irritación. Él no pasará trabajo ni empleará energías adicionales para llevarle la contraria a su pareja, tampoco se involucrará ni participará activamente; él simplemente no será un estorbo. Te acompañará a un baile, pero no bailará más de dos piezas.

Al obtener lo que buscaba completó su vida y lo poco que hizo para enamorar a su pareja ya no es necesario continuar realizándolo. No le hará falta esa vida de actividades recreativas y sociales. Por ejemplo, no querrá ir al cine, por las filas y los malos ratos; ni ir a bailar, porque está cansado; ni a la reunión de familia, porque siempre es la misma cosa ("Ve tú con tus amigas, yo me quedo aquí tranquilo").

Ese abandono de la vida recreativa y social por parte de Mr. Inercia es el elemento que va marcando el fin de la tolerancia de su pareja. La pasividad va aumentando en la medida en que Mr. Inercia se va acomodando a vivir bien con el mínimo esfuerzo. Y cuando a la mujer le preguntan "¿y tu pareja, dónde está?", ella se resiente y se imagina a su compañero en la casa, sentado frente al televisor o a la computadora. No lo percibe con tranquilidad y paz, como al principio de la relación, sino como un dejado y vago que la ha abandonado.

Normalmente, en esas salidas surgen múltiples oportunidades para comparar las relaciones de otros con la suya y ella, entonces, se va resintiendo aún más. Se compara con la pareja que narra sus esfuerzos, que sueña, que bromea y que acompaña a su esposa. La ausencia tanto física como emocional de su pareja se resalta en presencia de otras parejas que no viven lo mismo. Es así como la pareja de Mr. Inercia va llegando a la conclusión de que estar con él es como si estuviera sola.

El conflicto se agudiza cuando ella realiza muchos esfuerzos dirigidos a que Mr. Inercia reaccione. Lo sermonea, pelea, lo amenaza, lo presiona a través de sus familiares, lo intenta todo sin lograr que él se motive a ser más activo y, finalmente, entiende que no hay manera de que él reaccione y empieza a fantasear con la separación.

Pero ¿cómo puede justificar ante la sociedad una separación de un hombre que es tan bueno? Él no bebe, no fuma, no es infiel, no pelea, trabaja y siempre está en su casa. Es muy difícil separarse de Mr. Inercia sin sentirse culpable o que está faltando al compromiso que hizo por la relación.

Mr. Inercia disfruta de los logros y de la vida que su pareja trae al hogar. Estos representan una calidad de vida agradable y mucho más de lo que él obtendría con sus pocos esfuerzos. Los disfruta tanto que se acomoda. No tiene razón para quejarse y mucho menos para crear mayores aspiraciones ni sacrificios. Por otro lado, su pareja espera de él mayor actividad, iniciativa y más ideas, le molesta que Mr. Inercia espere por ella para decidir.

Ella puede tratar de manifestarle sus expectativas de encontrar en él un compañero y un socio para la consecución de sus metas.

Ante esto, él le puede responder que la entiende y que con gusto la complacerá: "Dime, dime qué quieres que yo haga y lo haré", respuesta irritante que confirmará que su pasividad es un problema serio.

Tu dirás: "No quiero pensar por ti, no quiero ser quien siempre tome las decisiones, quien establezca las metas, quien planifica las vacaciones, quien resuelva los problemas, quien esté pendiente de todo". Él responderá: "Es que siempre quieres decidir y quieres que las cosas se hagan a tu manera".

Mr. Inercia puede, entonces, quejarse de tus exigencias y de que ha dejado de ser él para complacerte. "Todo tiene que ser a tu manera, no tienes paciencia, tu ritmo es muy acelerado". Finalmente, el problema es tuyo porque él sólo trata de complacerte en todo para no llevarte la contraria ni enojarte, él ha seguido siempre tus gustos y tus antojos.

Lo cierto es que cuando Mr. Inercia se ve al borde de la separación, reacciona. Se desespera, llora como un niño y promete cambiar. No entiende por qué lo rechazas si siempre está dispuesto a complacerte. Se esfuerza por compartir en sociedad y estar más activo en la casa y la intimidad.

Infortunadamente, una vez entiende que el peligro de la separación ha pasado, vuelve a su pasividad; su personalidad se impone y vuelve a ser el mismo de siempre. Mantenerlo activo conllevaría tenerlo siempre bajo la amenaza de la separación y eso no es saludable para una relación de pareja.

¿Por qué son así?

La pasividad de Mr. Inercia es un elemento significativo de su personalidad que evoca situaciones de su niñez. Su pasividad, probablemente, ha sido un arma potente para sobrevivir a la dinámica de su hogar de crianza marcada con trazos de dominio, autoridad y exigencia.

Su actitud pasiva responde a la imagen de una madre que llevaba las riendas de la casa y lo sometió a sus órdenes, o un padre dominante y autoritario. Cualquiera que haya sido el rol asumido por sus padres, Mr. Inercia fue atropellado sin justificación y a ello responde su actitud.

Esa persona dominante en la vida de Mr. Inercia ejerció su poder y control con mucha malicia, astucia, inteligencia y habilidad. Frente a una persona con ese carácter, una de las alternativas para sobrevivir es la pasividad.

¿Cómo se desarrolla Mr. Inercia?

Mr. Inercia aprendió que no puede ir en contra de su padre o de su madre, cualquiera que haya sido el dominante, quien a su vez asume un papel de gigante poderoso que no deja espacio para que otros tengan iniciativa propia o quieran arriesgarse a ser diferente. Son personas que, aunque tengan buenas intenciones, no fomentan que los demás tengan sus propias ideas ni desarrollen sus propios estilos para resolver situaciones con propiedad.

En la crianza eso se traduce en términos de un padre entrometido que lee los pensamientos de sus hijos, puede anticipar sus travesuras, mentiras y antojos. Este padre es el tipo de persona que da una orden y le añade: "Y no trates de engañarme porque me voy a dar cuenta que no has hecho la tarea".

En efecto, al momento de escudriñar lo que ha hecho el padre logra descubrir las fallas o la intención por algún detalle imperceptible para otros. Se comporta como un dios que todo lo ve, todo lo sabe y que es el único que manda y dirige.

Desde niño, Mr. Inercia decide no contradecir o confrontar al padre dominante. Frente a su padre intransigente o severo no se puede reaccionar con rebeldía o propiedad al exponer sus validos argumentos porque nadie, excepto él, tiene la razón.

Ante un cuestionamiento, el padre puede traer muchas razones convincentes o argumentos imposibles de debatir, puede reaccionar con coraje y humillar a quien se atreve a contradecirlo o a cuestionarle sus decisiones. Ese padre es intimidante con sus argumentos y sus reacciones cargadas de furia.

Mr. Inercia descubre y aprende a no pensar mucho. Aprende a no contradecir. Si le dicen barre, él barre; si le dicen juega, él juega. Aunque piense lo contrario opta por someterse. Encuentra que sale mejor siguiendo instrucciones que rebelándose y, finalmente, justifica a su padre pensando que realmente tiene la razón y que sabe lo que hace, por eso encuentra los beneficios de no contradecirlo. Vive mejor siendo pasivo.

Ese mecanismo de no causar problemas lo va aplicando cada vez más a otras áreas de su vida. Lo hace en la escuela siendo un niño bueno y cooperador. Sus calificaciones no son sobresalientes, pero tampoco llega con quejas del colegio a casa. Con los demás niños establece buena amistad, pero no será el líder del grupo. Si el grupo es muy revoltoso, a él no se le encontrará ahí.

La vida social que Mr. Inercia lleva es tranquila y disfruta de las ocurrencias de otros. No es travieso, pero participa de las aventuras de sus amigos o compañeros. No es de exponerse mucho, pero puede acompañar a quien lo haga si no implica altos riesgos. Busca la emoción a través de la vida de otros. Admira el atrevimiento y la creatividad que ve en otros.

Cuando se casa, entiende que la meta está alcanzada. Tendrá esposa, casa e hijos. Vida perfecta. Se casó y ya. Tener un hogar, tener pareja y familia lo imagina de manera tradicional. Sus imágenes son de una familia feliz, compartiendo y haciendo una vida en pareja.

Sin embargo, él no se imagina el esfuerzo que conlleva tener esa familia y mucho menos lo que tendría que esforzarse para lograrlo. Se visualiza proveyendo y cumpliendo un rol tradicional para una felicidad instantánea.

No sabe ser jefe de familia, tampoco tomar decisiones importantes. Lo hace en el trabajo, pero no en el hogar. Eso fue a lo que se acostumbró a vivir. Eso es lo que espera vivir aunque resiente que otros lo dominen. Es más cómodo criticar las decisiones que otros toman que asumir la responsabilidad de enfrentar los problemas y solucionarlos.

¿A quién escoge Mr. Inercia?

A él le gusta la mujer activa, emprendedora, que se traza metas y se esfuerza por alcanzarlas. Se enamora de mujeres que funcionan a un nivel más alto que él. Reconoce y admira la capacidad que tienen las mujeres de hacer muchas tareas a la vez, aunque luego se lo reproche por complicarse la vida.

Le atrae la mujer inteligente, capaz de tomar decisiones y que no dependa de él para resolver problemas, mujeres ambiciosas y dinámicas, de personalidad y carácter fuerte y que puedan ser descritas como dominantes y controladoras. Le parece atractiva la mujer que es emocionalmente independiente y que "corre sola". Por el contario, no le interesa la mujer sumisa y que se someta a sus exigencias; una mujer que no pueda funcionar ni pensar de manera independiente, le incomoda y le resulta poco atractiva.

Físicamente, se inclina por aquellas que se presentan de manera atractiva, más no con maquillaje exagerado ni ropa llamativa. Le atrae la mujer de apariencia sobria y elegante, le gusta la mujer atractiva.

¿Qué hacer?

Es difícil identificar a Mr. Inercia al principio de la relación. El se esforzará por conquistarte, aunque algunos desde entonces dejan que ella sea quien lleve la batuta. Puedes identificar a Mr. Inercia con mayor certeza luego de ese período de conquista. Es ahí cuando Mr. Inercia se acomoda y se sienta a esperar por ti.

El patrón que debes identificar es aquel que aparece a medida que la relación va progresando: entre más tiempo lleva la relación, más pasivo se vuelve. Si al principio te invitaba al cine o a alguna actividad recreativa, pasado algún tiempo prefiere compartir contigo en casa, porque está cansado o quiere evitar algún peligro en la noche.

Si al principio estaba dispuesto a compartir contigo en actividades de familia, ahora solo lo hace con la familia más inmediata y si no hay mucho bullicio.

Ese cambio en su disposición y actitud es la señal de ¡alerta!

Compara el esfuerzo que estás realizando para que los encuentros se den y la relación progrese, con los esfuerzos que él hace. Si aprecias un desbalance significativo, debe ser que estás empezando a identificar a Mr. Inercia.

Lo siguiente que podrás observar es que una vez te conquista, se acomoda a una vida de rutina como si estuvieran casados ya de mucho tiempo. Las salidas y las actividades que disfrutaban, ya casi no las llevan a cabo, porque realmente no son su costumbre. Su vida no es de mucha actividad ni de mucha complicación.

Mr. Inercia es el tipo de persona que puede estar muchos años de novio. En la medida en que la relación se mantenga estable, él puede continuar de manera indefinida en ese estado de noviazgo. Quién debe animarse a celebrar la boda y a tener casa propia, serás tú y él aceptará si insistes.

Desde luego, no te llevará la contraria. Sin embargo, si te ves tomando la batuta y por parte de él recibes un "como quieras", sin que este dispuesto a forcejear contigo para llegar a un acuerdo, es también una señal de un Mr. Inercia a tu lado.

Si decides dejarlo, debes prepararte para la reacción de él y de los demás. Te van a criticar mucho por dejar a una persona tan buena. Tampoco esperes que él coopere ni participe activamente en el proceso de separación. Está en su naturaleza dejar que otro lidere y tenga iniciativa. Lamentablemente, aún en ese proceso, la inercia se impone.

No trates de que participe y coopere porque sólo te frustrarás más. No te ilusiones de que cambiará su forma de ser. Si te mantienes firme, él se resignará a perderte porque insistir por tenerte es demasiado esfuerzo para él.

El poder del amor es grande pero no es capaz de mover a una "piedra en pozo".

Señales de alerta

- No tiene problemas ni los manifiesta.
- No se impone.
- No toma decisiones importantes.
- No te exige ni te reclama.
- No tiene ambiciones, es conformista.
- No tiene iniciativa.
- Prefiere dejarte sola a acompañarte a alguna de tus actividades.
- Le gusta pasar mucho tiempo sentado frente del televisor.
- Le gusta que las cosas se mantengan como están.
- Te promete hacer algo, pero se tarda mucho en cumplir.
- Hay que insistirle demasiado para que participe de manera activa.

CAPÍTULO 3

ALERTA AMARILLA

De todas las categorías de alerta esta es la menos grave. Las personas que pertenecen a este nivel sufren de problemas y deficiencias que, por diferentes razones, implican un desarrollo emocional y madurez limitada. La posibilidad de construir una relación exitosa es muy baja, tendrás muchas dificultades y poco crecimiento. Intentar establecerla es arriesgarte a perder tu tiempo, energía, autoestima y la esperanza de ser feliz en el amor.

Cuando dos personas se unen, además del amor mutuo, las expectativas son de crecimiento en todas las áreas, pero las personas en esta categoría no han crecido lo suficiente emocionalmente como para estar a la altura de la relación. Te encontrarás con actitudes y conductas problemáticas y muy resistentes al cambio.

Esta relación implicará que aumentes tu nivel de tolerancia y paciencia en cuanto a la convivencia. Por ejemplo, tomará mucho esfuerzo lograr hábitos de higiene adecuados, dietas saludables y establecer hábitos de orden en el espacio de convivencia.

Las personas que caen dentro de esta Alerta amarilla tienen serios problemas para comunicarse y cuando surgen situaciones de tensión todo se complica por la ausencia del diálogo; en lugar de hablar sobre los problemas y buscarle una solución, viene la frustración que agobia más que el problema original.

Son personas que tienen dificultad para enfrentar conflictos y dificultades en la vida, que tienden a exponerse y a arriesgarse sin necesidad. No es un recurso de ayuda ni cooperación, por el contrario, muchas veces son quienes provocan los problemas innecesariamente. Por lo general, si le adviertes cierta situación, huye por no tener el manejo adecuado ni la capacidad de resolver, y serás entonces tú quien deba afrontar y solucionar la situación.

Cuando piensa en el matrimonio sólo vienen pensamientos negativos, como el engaño de la ilusión original, y sienten que es mejor estar solo que en pareja. Considera a la soledad como un alivio, una liberación y un descanso de todas las tensiones que vive con su pareja.

En la relación, el aspecto emocional y afectivo también es un problema. El cariño, el amor y la sexualidad no fluyen de manera saludable y libre de conflicto. Sentirás que das más amor del que recibes y que debes pedir y mendingar un poco de atención y reconocimiento.

El impacto en ti será muy negativo, irás abandonando tu apariencia y los círculos de actividades en las cuales das y recibes afecto y cariño de otros. El desánimo invadirá el resto de la vivencia, te irás apagando tanto en tu relación laboral como en la familiar.

Los sentimientos que predominan en estas relaciones son frustración, impaciencia, tristeza, resentimiento y cansancio. Es una relación bien difícil, y aún cuando logres mantenerla, consumirá gran parte de tu energía, y con frecuencia te sentirás culpable, luchando sola y agotada. Lograr una intimidad saludable es casi imposible. No se facilita sentir a tu pareja cerca, sin que ninguno deje de ser auténtico, espontáneo y sincero. Debe haber un gran esfuerzo de tu parte para lograrlo.

No te recomiendo este tipo de candidato, porque con ese mismo esfuerzo y otro tipo de persona pudieras tener una relación saludable y positiva. La diferencia entre este esfuerzo y el anterior es que con este candidato nunca verás que el fruto vaya a la par con la energía invertida; será una relación que a duras penas sobrevivirá y pocas veces verás tu crecimiento como pareja. Las dificultades continuarán, una detrás de la otra.

ROCKY

La película *Rocky* aborda la vida de Rocky Balboa, un boxeador humilde que se enfrenta valientemente al campeón de su categoría. En la primera de siete películas se presenta a Rocky como un joven bonachón que, a pesar de su talento para el boxeo, se dedica a cobrarle deudas a un prestamista.

Su vestimenta refleja lo simple de su vida, ya que siempre se le ve con la misma ropa y el mismo sombrero. Su apartamento es un desastre. Sobre el sofá mantiene periódicos viejos, en un rincón hay un colchón viejo y deteriorado, y en la nevera guarda lo mínimo: agua y algunos alimentos.

Se enamora de Adriana, la hermana de su único amigo, quien trabaja en una tienda de mascotas, aunque ella es muy tímida, su vida es mucho más ordenada y armónica que la de Rocky, pero es muy solitaria. Él tiene talento, pero no tiene vida. A pesar del contraste surge el romanticismo.

Cuando le llega a Rocky la oportunidad de luchar contra el campeón, Apollo, todos, incluyendo al mismo Rocky, dudan de su capacidad de hacerlo bien. En una escena el hermano de Adriana confronta a Rocky y le dice que no va a ganar.

Adriana lo defiende y le contesta: "Einstein reprobó la escuela dos veces, Beethoven era sordo, Helen Keller fue ciega. Creo que Rocky tiene una buena posibilidad". Ella le brinda su apoyo incondicional, está presente en su entrenamiento y hasta le regala un perro para que lo acompañe a correr en la madrugada.

Es a Adriana a quien busca cuando necesita apoyo y seguridad. Sin embargo, cuando ella lo busca para compartir íntimamente, él le advierte que no puede tener sexo durante el entrenamiento porque se debilita. "Nada de sexo, yo quiero estar fuerte, las mujeres debilitan las piernas".

Esta realidad es la que vive toda pareja de un artista, que mantiene largas horas de entrenamiento y práctica. Los sacrificios en todos los renglones, para lograr el éxito que su talento le puede brindar, no deja tiempo ni espacio para las necesidades de su pareja. Todo pasa a un segundo plano, todos los esfuerzos y recursos se dirigen a alcanzar el éxito.

¿Quién es Rocky?

Deportistas, artistas, músicos, poetas y otros talentosos caminan la vida en una dirección alterna al resto de la humanidad. Las personas con este tipo de talentos desarrollados tienen un cerebro que funciona de manera diferente, su creatividad, en gran medida, proviene del lado derecho del cerebro. La musa y la inspiración requieren la ausencia de lógica, planificación, análisis frío y objetivo, y de la rigidez que demandan las normas y las reglas comunes.

El talentoso, en su proceso creativo, salta pasos y encuentra lo que otros, por mirar lo tradicional, no pueden hallar. Su éxito depende de su creatividad, de la capacidad para concentrarse en su arte sin dejarse llevar por elementos cotidianos como el tiempo, la comodidad, el hambre y las consideraciones terrenales, como el pago de facturas y obligaciones económicas.

Este tipo de persona debe poder desconéctarse totalmente de la realidad y entrar de lleno a un mundo donde estará únicamente en compañía de su inspiración. Su talento no viene de un espacio deliberado, es un proceso que se gesta muy profundo en su cerebro, lugar que pocos logran activar.

Desconectarse de la realidad para sumergirse en el arte o en la actividad de su talento trae consigo ciertas dificultades para llevar una vida "normal" y una relación de pareja estable y duradera.

Es común que el artista tenga alguna dificultad para socializar, muchos son torpes y desconocen los protocolos más simples del roce social. Las exigencias con respecto a la forma de vestir y la conducta social, les irrita. Suelen ser tímidos, a menos que el tema sea su arte o su área talentosa.

Un cantante en una tarima es una persona muy diferente a cuando comparte una velada con amigos de su esposa. En la tarima se puede desenvolver con mucha soltura y hasta ser muy cómico y ameno, pero los amigos de su esposa le verán tímido, callado, reservado e intimidado por la conversación de algún otro tema que no sea el mundo artístico.

Son personas muy sensibles a la crítica. Emocionalmente tienden a ser muy frágiles e inmaduros y, por tanto, no tienen mucha tolerancia a que lo confronten con sus defectos ni a la presión para cambiar conductas y actitudes.

Tampoco soportan la incomodidad de los conflictos interpersonales y pueden, además, ser muy hirientes e insensibles. Incluso, pueden desatender a los demás, no porque no los ame, sino porque no saben detectar la necesidad ni el ánimo de quienes lo acompañan. Si muchas veces no logran atender a los otros, mucho menos lo harán con alguien que comparta su vida.

Son individuos que olvidan los detalles que en el día a día son importantes, como las llaves del auto, o dónde guardaron su acta de nacimiento, el número de teléfono de su casa, la reunión pautada para la tarde, etc.

Se distraen con mucha facilidad hasta el punto de entablar una conversación y a los pocos minutos no recordar nada de lo hablado. Son personas que se les dificulta identificar los elementos y detalles específicos necesarios para completar una tarea tan sencilla como prepararse una taza de café.

Su temperamento es muy cambiante. El lado derecho del cerebro sin el complemento del izquierdo tiende a reaccionar sin utilizar la lógica. Sus emociones fluctúan y lo dominan. Si está de mal humor, todo se echa a perder; si está triste, todo se detiene; si está alegre, es encantador; si está atemorizado, el mundo es su enemigo.

Sus emociones son su centro. Necesita estar de buen ánimo para realizar hasta las más rutinarias de las actividades. Por ejemplo, un día puede levantarse y no estar de ánimo para asearse ni comer y, al siguiente, ordena y limpia toda la casa. Son muy impredecibles.

Muchos artistas carecen de los hábitos regulares que ayudan a mantener un orden a su alrededor. No es su fortaleza establecer los hábitos para una convivencia ordenada. Pueden tener una trastera enorme en el fregadero, el canasto de la ropa sin nada en su interior (pero rodeado de ropa sucia) y el estante vacío (mientras los libros están encima de la mesa del comedor).

Asímismo, el cuarto del taller tiene un orden que solo él entiende y conoce y, por ende, solo él puede utilizar. Igualmente, sus horas para dormir y alimentarse son irregulares: puede estar el día entero sin comer y querer cenar un emparedado a las 3:00 de la mañana o puede amanecerse escribiendo un poema y acostarse a dormir a la hora que los demás se están levantando. Muchas irregularidades que hay que tener en cuenta y conocer bien antes de decidir compartir una vida con este personaje.

¿Por qué son así?

Los padres suelen ofrecer un trato especial al "Rocky". Hay familias que ven en el talento la oportunidad de progresar o de distinguirse en la comunidad. Para ellos se convierte en una misión proteger y complacer al niño talentoso. Su admiración por el talento del niño los lleva al favoritismo, lo sobreprotegen y lo engríen.

Los convierten en niños mimados y caprichosos, les inculcan que su responsabilidad principal es desarrollar y pulir su talento, y que las demás las asumirán otros por ellos. No se les exige como a los demás niños y tampoco se les enseña a valerse por sí solos. Solo saben pintar, cantar, tocar el piano, etc. Sus padres o sus cónyuges se encargan de sus finanzas, de los quehaceres y de las tareas propias de cualquier persona adulta.

¿Cómo se desarrolla Rocky?

El talentoso, desde muy temprana edad, se siente diferente a otros niños. Descubren desde pequeños que su visión del mundo no es igual a la de sus hermanos, desde temprano tienden a aislarse y a ensimismarse. El descubrimiento de su talento los distinguió, pero también los separó de los demás.

Se desarrollan como personas inmaduras y tímidas, no son extrovertidos (así su talento sea cantar o hacer reír), tienden a ser torpes socialmente (porque en su aislamiento no logran pulir las destrezas sociales) y son de muy pocos amigos (le dedican mucho tiempo a su actividad artística de tal forma que no les sobra tiempo para las amistades, a menos que éstos sean del mismo ambiente o que se conformen con escucharlos y alabarlos).

No son de llevar vidas balanceadas, así es que si su talento no es en los deportes ni de espacios de movimiento, tienden a ser aburridos a menos que el tema de discusión gire alrededor de lo que ellos mejor conocen.

¿A quién escoge Rocky?

El talentoso no escoge. Generalmente, acepta ser escogido. Alguien lo conoce, se enamora locamente de su talento y lo busca. Esa persona atraída por el talento descubre el potencial y lo genial que tiene y se siente privilegiada de tener la oportunidad de compartir con él. Si logra captar su atención y aceptación se siente conquistada, sin embargo, no hay cortejo ni seducción por parte de él.

El amor lo despierta el talento especial. Mientras más distinguido el talento, menos trabajo seductor y enamoramiento por parte del artista. La adulación y admiración por el talento se confunde con amor, tanto de parte del artista como del enamorado.

El artista aceptará a quien lo comprenda o admire y le permita dedicarle toda su vida a practicar y a desarrollar su talento. Quien esté dispuesta a encargarse de los demás asuntos que implica tener vida, será la escogida.

Usualmente, la elegida es una persona reservada cuya preferencia es no llamar la atención. Al contrario, se siente más cómoda con ser la sombra y, con frecuencia, aún teniendo su propio talento prefiere apoyar al otro, aunque eso signifique abandonar su potencial y futuro. El artista es de apariencia sobria, ordenada, estable y consistente.

Parece tener un carácter fuerte y exigente, pero solo son así con los demás, porque a su escogida poco le falta para ser su esclava. Frente a su pareja tiende a ser sumisa y entrega todo de sí para que el artista pueda dedicarse a su talento. Aunque resienta que todo gire alrededor del otro, se mantiene con la satisfacción de que "Rocky" la reconoce, la valora y comparte sus triunfos con ella.

¿Qué hacer?

Si te encuentras con un Rocky lo primero que necesitas es abrir bien los ojos. No los cierres para disfrutar su voz ni los enfoques para deleitarte en sus cuadros. Evalúa claramente cuál es su personalidad. La relación que vas a establecer será con su personalidad y no con su guitarra o pincel.

Debes observar cómo interactúa con otras personas no relacionadas a su talento. ¿Es persona de conversar y escuchar?, ¿Interactúa con los demás o se sienta a observar sin moverse de su asiento?, ¿Se muestra interesado por tus asuntos y tus talentos?, ¿Es atento y logra ser sensible y empático contigo?, ¿Su talento es su primer amor y el segundo él mismo?

Debes evaluar bien si tiene la madurez para tomar decisiones importantes. Muchos artistas prefieren delegar y no asumir las riendas de su vida. Observa bien cómo se toman las decisiones que tienen que ver con su vida y no con su carrera artística. Por otro lado, hay artistas que tienen éxito porque sus manejadores son personas maduras y no les permiten echar a perder sus logros y oportunidades.

Hay otros artistas que son ingobernables. No tienen la madurez ni la capacidad para lidiar con lo cotidiano, pero tampoco se dejan llevar. Son seres especialmente destinados al desastre personal y a pesar de sus muchos logros y oportunidades, terminan solos, sin dinero y hechos un guiñapo.

Sin embargo, no todos son un desastre. Explora su capacidad para adaptarse. ¿Puede ser disciplinado y ordenado, responsable con sus compromisos artísticos y con los que nada tienen que ver con su talento? Si descubres que además de talentoso es maduro, ¡Bingo! La vida junto a él no será fácil, pero puedes lograr tener una relación de pareja.

La felicidad junto a una estrella es posible, pero para que esa luz brille a ti te tocará producir tras bastidores.

Señales de alerta

- Es muy humilde en comparación con su talento.
- Sus logros son pocos en comparación con su talento.
- Es fuerte para unas cosas y muy inseguro para otras.
- Necesita de mucha motivación.
- No tiene mente para asuntos cotidianos.
- Cuando se envuelve en su talento, se olvida hasta de comer.
- Sus espacios son desordenados y sin decoración.
- Tiene muchos momentos de melancolía y depresión.

TARZÁN

*T*arzán, que da nombre a este clásico del cine, es el rey de la selva. Un hombre atlético y fuerte que se transporta en la jungla agarrado de bejucos, volando de árbol en árbol con la agilidad de un acróbata. Tiene habilidad para comunicarse con los animales, por más salvajes que sean. Es rey, pero solo en su espacio.

La historia de Tarzán es la de un niño que quedó huérfano y lo encontraron unos monos que, en lugar de atacar a ese bebé humano, lo rescataron y lo criaron como un mono más en medio de la jungla, entre árboles y hojas. Junto a ellos, él aprendió a vivir, a defenderse y a cuidarse. Creció y se convirtió en un hombre fuerte, guapo y ágil como un mono.

En la aldea cercana a la jungla lo conocen como el Rey de la selva que, siendo hombre, prefiere vivir entre los animales. A pesar de su inteligencia y sus habilidades que le traerían éxito, prefiere continuar en la jungla -y ser el rey-, que incorporarse a la comunidad de humanos y llevar una vida propia de un ser humano. Anda semidesnudo con un taparrabo y descalzo, y aunque comparte con algunos de la aldea, su vida la mantiene en la jungla.

Contrario a lo que se esperaría, no reniega de su crianza por perder las comodidades y oportunidades que le ofrece la vida de la aldea. Tarzán comparte en los dos mundos, pero prefiere estar entre los animales y la naturaleza. Ese es el mundo que mejor conoce y que por muchas razones prefiere.

Tarzán no se siente malvestido ni tiene complejos de ser primitivo y falto de modales ni tampoco anda reprochando lo que no ha tenido por ser huérfano. Escoge voluntariamente mantenerse en esa vida "accidentada" que otros rechazarían. Eso es él, no tiene complejos, no tiene conflictos ni ambiciona otra vida. Él es feliz en su mundo.

La historia se complica cuando surge Jane, una mujer sofisticada pero aventurera, con vida y gustos elegantes, quien llega a la jungla y conoce a Tarzán por accidente. Su vida y la de él jamás se hubieran cruzado si no es porque Jane se accidenta y, en peligro de muerte, es rescatada por Tarzán quien la lleva en sus brazos desmayada e inconsciente a su casa en el árbol.

Ahí descubre a este hombre fabuloso que la hace sentir segura y protegida. Tarzán, por su parte, ve por primera vez a una mujer que lo conecta con sus necesidades de ser humano, de hombre.

En su inocencia se percata de lo que es la atracción por una mujer; trata de entender que Jane no es como él y que no comparte sus costumbres. Ella se asombra de la relación que él tiene con los animales, que son sus amigos. Chita, el chimpancé, es su mejor amiga y fiel acompañante.

Así es que Jane aprende a querer a Chita y a entender su lenguaje. Lo que era totalmente extraño comienza a tener sentido y a ser placentero. De igual manera, Tarzán y Chita se acostumbran a las rarezas de Jane. En poco tiempo se integran y se acoplan, de tal forma que Tarzán ya no va volando solo entre árbol y árbol, sino que colgada de su cuello va Jane y, cerca de ellos, Chita.

Pero como toda historia de amor llega el momento de enfrentar la realidad. A Jane la reclama su familia para regresarla a su mundo. Jane tiene otra vida, con familia, amistades y responsabilidades. Esa vida que Jane tenía antes de Tarzán es totalmente diferente a la de Tarzán antes de Jane. En este escenario, tienen dos opciones: o Jane se queda en la jungla o Tarzán se va de la selva.

Para que la relación de pareja se dé, uno de los dos debe cambiar y someterse a la vida del otro. La polémica es grande. Para estar juntos y compartir su vida por el amor que siente el uno por el otro, uno de ellos tiene que dejar de ser como es. Uno de ellos tiene que dejar la vida que conoce. Esa decisión no es una que la lógica domine.

El sentido común señala que la vida de Jane es mejor, con mayores comodidades, incluso para los hijos que pudieran tener. Tarzán tendría que cambiar y aprender tanto que dejaría de ser él. Imaginarse a Tarzán con un traje de vestir, corbata y calzado es muy difícil y casi imposible, con un portafolio, bolígrafo y un celular.

Tarzán no ve nada malo en acompañar a Jane a una actividad, ella vestida de gala y él en su ropa silvestre. Finalmente, para que puedan estar juntos, Jane es la que cede, deja atrás la vida que llevaba y el mundo de comodidades. Quizás es más fácil dejar de tener y simplificar la vida, que aprender tantas cosas nuevas, adaptarse a otras costumbres y soltar las que tenía y apreciaba.

Es más fácil aprender a vivir en la jungla que en la ciudad. La historia de Tarzán y Jane tiene un final feliz forzado, al estilo de la Cenicienta y el Príncipe Azul o el de la Bella y la Bestia. Se unen a pesar de las diferencias tan grandes en su forma de ser y son felices para toda la vida.

En la vida real el desenlace es otro. No es fácil soltar y aprender costumbres nuevas. La cultura y las costumbres tienen raíces profundas y conforman un sentido de identidad. Así que al cabo de un tiempo Jane ya no sería la misma Jane que atrajo a Tarzán y a la inversa, Tarzán en la ciudad no tendría la misma magia que en la jungla. Ni Tarzán ni Jane serían felices.

Si Tarzán hubiera conocido a Jane como parte de su salida de la selva, porque él quería un cambio en su vida, entonces sí habría posibilidades. Y de igual manera, Jane tendría que haber estado en un proceso de reflexión y búsqueda de cambios fundamentales dirigidos a lograr una vida como la de Tarzán para que la relación con él fuera su sueño dorado.

Aunque te enamores de alguien por sus virtudes y sus fortalezas, no puedes basar la relación en la esperanza de que él cambie y que tu también puedas ajustarte a ser como él es. Inicialmente, estarás enloquecida de amor y minimizarás lo que son esas diferencias, no le darás importancia a la forma en que se expresa ni a la forma en que se relaciona.

Sus torpezas no te irritarán porque lo amas y no te causará vergüenza que no sepa vestirse a tu nivel. Lo vas a querer para ti y creerás que eso es lo más importante. No te molestarán sus amistades por más extrañas y socialmente marginadas que sean, vas a querer aprender la forma en que se relacionan y querrás convertirlos en tus amigos también.

Todo eso es posible si las diferencias son moderadas. Si son tan grandes como las que existen entre Tarzán y Jane vas a cansarte y sufrirás. Empezarás a tratar de convencerlo de lo agradable de tus costumbres e intereses y tratarás de que intente acoplarse a ti. Mencionaré algunos patrones.

Le comprarás ropa y se la combinarás para que luzca todo su atractivo. Cuando se queje de los zapatos apretados o de la ropa muy femenina, encontrarás una que luzca lo varonil que es, pero con elegancia, aunque te cueste un dineral. Te tengo malas noticias: Tarzán no cambia.

Si logras que te acompañe a alguna actividad de las tuyas sentirás su incomodidad presente en todo momento. En vez de integrarse al grupo, se aislará y se mantendrá callado. En sus ojos veras sus deseos de salir corriendo en busca de sus costumbres. Los demás se darán cuenta y te mirarán con ojitos de lástima y de comprensión. Algunos se preguntarán por qué lo llevas contigo si sabes que a él no le gustan esas actividades. Te dirán: "Mejor déjalo tranquilo con gente como las de él y ven a disfrutar sin reparos lo que siempre ha sido de tu agrado".

Si insistes en cambiarlo, al cabo de un tiempo empezarás a resentir sus costumbres y te molestarán tanto que no podrás ignorarlas. Te cansarás de corregirle su forma de hablar y de señalarle los demás errores que comete, a pesar de lo sencillo que esta terea pueda parecer.

Te convertirás en una persona pesada y cantaletera, discutirás por tonterías. Cuando ya estés muy resentida te burlarás de él y lo humillarás por ser como es, como lo conociste desde un principio y de lo que te enamoraste.

Si eres tú quien decide cambiar y adaptarse a las costumbres de él, también tendrás un camino poco feliz. Cuando el amor está en su etapa inicial todo se puede y se acepta. Los sacrificios parecen pequeños e insignificantes, pero para estar con él debes dejar de ser tú y terminarás amargada.

No te pesará al principio alejarte de tus amistades porque, total, él llena tu vida; no te importará cambiar tu rutina porque tu preferencia es estar todo el tiempo con él; no te costará abandonar tus intereses, igual, sólo te interesa él. Esa entrega total es posible al principio.

Cuando pase el tiempo tu identidad y tus costumbres se impondrán. Empezarás a echar de menos la vida que tenías antes de estar con él. Te sentirás aburrida y sola y descubrirás que has bajado tu nivel para estar con él. No serás feliz. Por más que quieras transformarte en una persona como él, te resultará casi imposible.

Para que pueda haber una relación entre dos con diferencias tan marcadas tiene que existir el deseo y el interés genuino de adoptar las costumbres del otro. Debe haber un respeto verdadero por esas diferencias y, además, surgir por parte de ambos lados. Pero, fíjate bien, hay cosas que no se pueden cambiar y que no están en las manos de las personas: no se puede cambiar la inteligencia, ni las aptitudes, ni el origen, ni la familia.

Según muchos el amor entre Tarzán y Jane dura muy poco, y si intentan alargarlo, solo sufrirán. Los que logran mantener este tipo de relaciones, lo hacen porque tienen mucha madurez y están dispuestos a pasar mucho trabajo y dedicar bastante tiempo para obtener los ajustes necesarios.

¿Quién es Tarzán?

Los Tarzanes de la vida son unos sobrevivientes. Sus destrezas y habilidades son muchas, al igual que sus valores y virtudes. Es una persona tan buena, que es noble; tan fuerte emocionalmente, que inspira seguridad y motivación; es una persona con una autoestima alta y su autoimagen es muy positiva, ya que se ve como una persona saludable y muy capaz de enfrentar la adversidad física y emocional.

¿Por qué son así?

Provienen de un hogar humilde, quizás con muchas limitaciones económicas y conflictos familiares. Por ejemplo, su familia pudo haber sido inmigrante y haber sufrido muchas penurias para sobrevivir en un país con otra cultura y otro idioma.

Lo cierto es que en medio de tanta limitación y problema, él logra crecer y formarse en medio de la adversidad con actitud de guerrero enfocado en las destrezas de supervivencia y en disfrutar la vida a su manera.

¿Cómo se desarrolla Tarzán?

Por las razones que fueran, la familia original de Tarzán no pudo ofrecerle lo que sería una niñez normal. Ya fuera por conflictos, problemas severos ocasionados por alguna enfermedad, alcoholismo o adicción, por algún trastorno emocional o por limitaciones económicas severas, los padres de Tarzán no pudieron ofrecerle mucho.

Este personaje pudo haber sido adoptado por alguien cercano que lo compensó con su comprensión y cariño (lo que no recibió de sus padres biológicos), y con su aceptación, aliento y apoyo sobrevive a las circunstancias que tuvo que vivir. Cuando sintió la necesidad emocional de ser validado y querido, esos padres adoptivos lo satisficieron.

Desde pequeño se cría con una conciencia de que no es igual a las personas que lo rodean. Aprende a mantenerse reservado y acepta la soledad y el aislamiento que implica no ser como los otros. Se desarrolla tímido y reservado. Tiende a observar mucho a los demás y a hablar poco. Juega solo sin quejarse y evita involucrarse en situaciones de mucha tensión y revuelo. Cuando presiente que algo así sucederá, se retira y no regresa hasta que el ambiente se calme.

Sus energías las enfoca en desarrollar destrezas en áreas que son de su interés y que son necesarias para sobrevivir. Aprende de todo lo que ve y lo que no le enseñan se lo inventa con habilidad y destreza. Se desarrolla emocionalmente fuerte y duro. No busca que lo mimen ni que le resuelvan sus problemas, prefiere hacer solo sus cosas. Confía más en sus habilidades que depender de otros.

Es exigente y fuerte de carácter para poder echar hacia delante y siempre ayuda a los demás. No es miedoso ni se paraliza ante la adversidad. Tampoco necesita de otros para sentirse bien con él mismo. Incluso, no necesita ser el alma de la fiesta, su autoestima es alta y no depende de que los demás estén de acuerdo con su forma de ser ni de ser aceptado.

Como adolescente no vive de estar a la moda ni de imitar a otros, tampoco es de dedicarle tiempo y esfuerzo a aprender las destrezas sociales más sutiles. Eso de los utensilios y los modales en la mesa le parecen una bobada ("Lo importante es comer"). Para él hay cosas mucho más importantes que bailar, combinar los colores de la ropa y tener una variedad de zapatos (que solo deben ser cómodos y económicos). Así es como ha sobrevivido y le gusta vivir.

Cuando él se aventura a la "aldea" y todos lo miran como un ser extraño, no se intimida ni se acompleja. Es feliz y le gusta ser como es. No le agrada el "otro ambiente". Prefiere estar en su "jungla", pero también puede incursionar y compartir por momentos con los del otro mundo.

Sus amigos son los que comparten su ambiente. Provienen del mismo lugar inhóspito. Son pocos y parecidos a él. Quizás lo vean como un líder y lo valoren por sus logros, pero ellos también tenderán a ser muy buenos en algunas cosas y muy torpes socialmente. Sus alianzas son sencillas.

La lealtad y la bondad son sus principales valores. A un amigo no se traiciona ni se abandona. Sin embargo, sus amigos son unos animales ante los ojos de la aldea, pero él no los ve de esa manera, sino como los que estuvieron ahí con él en las buenas y en las malas. Su mejor amigo, el chimpancé, es especial. Tarzán cuenta con él y se comunican a su manera. Cada uno vela por el otro. Si Tarzán lo tiene que cargar, lo hace feliz.

Tarzán no ambiciona los lujos y la vida que quizás podría obtener con su inteligencia y habilidades. Tarzán es una joya, un diamante sin pulir. Es una piedra preciosa que no se reconoce como tal, sino que celebra su progreso a pesar de la adversidad. Un diamante que no aspira a ser diamante por lo lindo, sino por lo fuerte. Quien quiera tener una relación con Tarzán, lo tiene que amar como es y no por su potencial, porque no cambiará.

¿A quién escoge Tarzán?

El que Tarzán sea ordinario y poco sofisticado no quiere decir que le gusten las mujeres iguales que él. Prefiere la mujer fina, pero tradicional y espera de ella la misma integridad y los mismos valores. A Tarzán le atrae la mujer que es independiente, fuerte de carácter, también una sobreviviente, pero fina. Le gusta la mujer femenina, con aspecto dulce y coqueta.

Busca a la mujer que le dedica tiempo a su apariencia. Le agrada oler su perfume, escucharla y disfrutar de sus talentos y habilidades. Él no esperaría que ella llegase a una fiesta en jeans y tenis, porque disfruta que ella luzca bonita y bien vestida, pero él si irá en jeans, camiseta y tenis limpios. Para Tarzán la bella y la bestia no es una pareja dispareja, es una pareja con diferencias muy grandes, pero que se tiene respeto y tolerancia.

¿Qué hacer?

Si por accidente te encuentras un Tarzán, necesitarás estar bien clara sobre lo que es importante para ti en la vida. Puedes deslumbrar a Tarzán con lo exquisita y atractiva que eres. Él sabrá apreciarte aunque no comparta tus gustos, no te exigirá que cambies tu estilo, pero el que no rechace tus gustos no quiere decir que le interese igualarte.

No lograrás que Tarzán sea como tú en ese aspecto. No es cuestión de aprender otra forma de ser. La forma en que él ve la vida y con la que se identifica, no encajará con lo que quieres que él sea. Así que tendrías que estar corrigiéndole, enseñándole y creándole conciencia. Lo tendrías que volver a criar y la relación de pareja sufriría demasiado ante tanta presión.

La alternativa más viable es que quien se adapte seas tú. Quien podría, con mayor éxito, hacer los ajustes serías tu. Tendrías que olvidarte y desprenderte de muchas cosas que no podrían formar parte de la vida de Tarzán. Para estar con él tendrás que dejar atrás muchas cosas finas y especiales que no encajarán en la vida con él. No puedes tener un jacuzzi en una casa de árbol. No es que seas la única que tenga que ceder o adaptarse, pero serás la que más ajustes deberá realizar.

También debes tener claro cómo quieres vivir la vida con tu pareja e individualmente. Aunque otros te digan que las comodidades, el dinero, las cosas materiales y las apariencias no son importantes, y que más vale la nobleza y la bondad, debes ser tú quien lo entienda y se convenza de ello.

Si realmente te incomoda su falta de modales, su torpeza social, sus gustos al vestir, su limitado aprecio por lo fino, Tarzán no te hará feliz. Debes ser honesta contigo misma. Recuerda que no es tan solo a quién escoges, sino también qué vida tendrás a su lado.

A los tarzanes de la vida no los puedes ver como un diamante crudo esperando que llegue la persona que lo va a pulir y que va a encaminarlo hacia el éxito; tampoco puedes dejarte llevar por el potencial que ves en él.

Mira, para que el carbón se convierta en diamante tiene que estar expuesto a mucha presión y por largos años. Solo la naturaleza tiene la capacidad y la paciencia para lograr esa hazaña y, si te fijas, en el mundo hay muy pocos diamantes en comparación con la cantidad de carbón.

Si estás dispuesta a unirte a él, debes fortalecer tu capacidad de adaptarte y aceptar lo que no puedes cambiar y, además de ello, esforzarte para lograr disfrutar de lo que él goza. No puedes asumir la actitud de que por amor cualquier sacrificio es posible.

No puedes ir con mentalidad de la persona que se somete y se adapta. Terminarás amargada. Pero, si por el contrario, te propones ser feliz y mantienes la actitud de aventurera, de aprender y crear, entonces el amor que sientes por él será la crema dulce del bizcocho.

Si para estar contigo tiene que dejar de ser él, solamente amas una ilusión.

Señales de alerta

- No es sofisticado, ni de mucha educación, ni de modales.
- No es ambicioso, prefiere lo sencillo.
- Es humilde.
- Sus amistades son sencillas y de pocos modales.
- No habla mucho y cuando lo hace se expresa torpemente.
- No le gusta leer.

- Es muy laborioso, trabaja en la casa, en el carro.
- Prefiere la ropa cómoda y fácil de mantener como jeans y camiseta.
- Es muy práctico.
- No le gustan las formalidades.
- Tiende a lo simple.

SUPERMAN

"¡A luchar por la justicia!". Este es el tradicional grito del hombre de acero que entrega su vida para proteger y salvar al mundo de los villanos, los desastres y las tragedias. En la película *Superman*, el protagonista no es un ser común y corriente, es un superhéroe.

Viene de otro planeta, puede ver lo que otros no ven, y tiene la fuerza física que otros no tienen; es capaz de enfrentar los peligros y problemas que a otros intimidan y lo más importante, además de sus poderes especiales, es una persona noble, de buen corazón, buenos sentimientos y sensible al dolor ajeno.

Prefiere sacrificarse para que los demás estén bien. No utiliza sus capacidades para aprovecharse de los demás, por el contrario, los demás abusan de él, lo ven como su protector y quien los va a rescatar. Nadie piensa que él necesite descansar, dormir o comer.

Esta persona especial no se enferma ni padece de males, y de ser así nadie se enteraría de cómo se atiende y se cuida. Su vida íntima es tan secreta, que para los efectos no existe. Superman vive para ayudar a los demás.

La parte humana de Superman se desconoce hasta que entra en su vida Lois Lane. En ese momento se manifiesta una necesidad de amar y ser amado. Él, en su mundo, carece de vida personal y por eso es que en medio de una de sus misiones de vida, la de proteger el mundo, la encuentra y se enamora de ella.

Durante su ajetreado trabajo como reportero, Clark conoce a

Lois y se enamora de ella, pero él es muy tímido como periodista y como persona "normal" y no se atreve a establecer algún vínculo. Por consiguiente, Lois lo define como débil, bobo y poco interesante.

Sin embargo, cuando se encuentra con Superman, la otra personalidad, queda hechizada con este ser especial y poderoso capaz de hacer lo que otros no pueden. Su fortaleza y habilidad la impresionan a pesar de que Superman se presenta con un disfraz. Su mirada la inquieta y le demuestra que él también está interesado.

Sin conocer su verdadera personalidad ni su nombre, sin verlo con la vestimenta apropiada, ni haciendo vida normal, ella descubre que él es el amor de su vida. Lois se enamora del superhéroe. Superman se enamora de Lois, a quien conoce también de manera superficial. Para amarla, él debe abandonar su rol y presentarse como Clark Kent, el humano que ella rechaza por sus debilidades y limitaciones, porque ella a quien ama es al superhéroe.

Por otro lado, una relación con ella implicaría que acepte la vida de un superhéroe y estaría expuesta a los peligros que la causa de "salvar al mundo" implica. Ella tendría que aceptarlo y amarlo en todas sus facetas.

Él no se atreve declararle su amor, se expone a su rechazo. Ella ama al héroe y desprecia al ser humano, por esto Superman teme su reacción cuando descubra que el héroe también es el tímido y torpe Clark Kent a quien ella tanto menosprecia.

Teme también a que ella le reproche haberla engañado con su doble personalidad. Esa falta de valor sería otra debilidad que ella le cuestionaría. Este hombre tan perfecto y poderoso en realidad es débil y vulnerable a la hora de amar. En lo más íntimo, ella es la fuerte. En el mundo de las emociones ella lo intimida y lo domina.

Cuando finalmente Superman se anima y declara su amor por Lois, encuentra un nuevo reto. Para que él pueda estar íntimamente con Lois y establecer una familia con ella, tiene que abandonar su rol de héroe del mundo y apropiarse del ser humano.

Su vida centrada en actos heroicos y proezas sobrehumanas no permite la intimidad de la relación de pareja.

No puede continuar dedicado en cuerpo y alma a su causa, debe abandonar su misión y dedicarse a llevar una vida normal. Inicialmente, Superman acepta abandonar su heroica tarea y abocarse a su vida sentimental. Se retira y se entrega a Lois, se despide de su misión en la vida y engaveta sus poderes especiales. El superhéroe se somete para poder vivir con su amada, pero su intento no resulta porque a pesar de que es feliz con Lois en su guarida especial, en su ausencia el mundo sufre los ataques de nuevos villanos.

Superman tuvo que escoger entre salvar al mundo o ser jefe de familia. Lamentablemente, ante un objetivo tan importante Lois y Clark tuvieron que echar a un lado su amor. Por un lado, Clark tenía un compromiso que no era debatible y, por el otro, Lois no pudo ser "egoísta" y reclamarlo solo para ella. Debía permitir que los poderes especiales de su pareja se utilizaran para tan noble causa.

¿Cómo puede ella exigir una cena, un momento romántico y tranquilo en su hogar cuando la vida de una persona, la paz del mundo depende de su amado? El amor entre Superman y Lois Lane es un amor imposible.

¿Quién es Superman?

El perfil de este personaje es claro. Su trabajo absorbe no solo la mayoría de su tiempo, sino que también su mente, su energía y sus recursos. Superman representa a las personas entregadas a una causa, como el médico, el bombero, el policía, el político, el científico, el reportero, el pastor de iglesia, etc.

Profesiones que conllevan estar disponible largas jornadas, no tener hora de salida e, incluso, poner la vida en riesgo. Son carreras que exigen mucho sacrificio, en las que su héroe da el todo por el todo y se entrega totalmente. Estas son personas definidas por sus causas, altruistas, y nobles de espíritu.

Eso que los hace superhéroes y nobles, los convierte en una mala pareja. La entrega total a una causa no deja espacio para atender sus necesidades personales y mucho menos las de su pareja. Si bien se enamora y ama, no puede dedicarle tiempo a lo que sería una vida normal.

No puede desatender el trabajo con el que se ha comprometido, por un amor nuevo que llega a su vida. Es tan simple que no puede abandonar algo tan importante como salvar una vida, para acompañar a su pareja a una fiesta o una velada familiar. Descubrirás que su entrega total implica que su tiempo privado y personal sea invadido. El médico, por ejemplo, debe estar dispuesto a recibir llamadas urgentes a cualquier hora, a que en medio de una actividad se le acerquen para consultar de algún asunto.

No podrá desligarse de su profesión cuando todo el mundo lo conoce como el doctor, tú serás su pareja y, como tal, tendrás que tolerar que te lo arrebaten para preguntarle algo importante y aceptar que tus conversaciones con él sean interrumpidas constantemente.

Debes entender que él te ama, pero no puede estar contigo como deseas y te lo mereces. Debes aceptar que estarás sola y desatendida y estar dispuesta a echar a un lado tus intereses y necesidades para que él pueda continuar su importante labor.

Esa vida no es fácil ni tan glamorosa como la gente la pinta. Es una vida de mucha soledad y sacrificio, en la que la intimidad es muy difícil y el romance pasa a un grado que no es ni siquiera secundario. La vida de pareja no es como la viven los demás, pero el ser humano que esconde Superman cuando se enamora es muy difícil de rechazar.

¿Por qué son así?

Toda su vida gira alrededor de su misión. Sus conversaciones, lo que lee, sus amigos, todo. El altruísmo y la generosidad son reflejos de la capacidad para ir más allá del egoísmo y el egocentrismo. Todos tenemos momentos e instancias en los cuales somos capaces de sacrificarnos por el bien de otro. Estas personas tienen esa visión altruista como la definición de su identidad. Hay en ellos también un grado de narcisismo que se nutre al realizar actos heroicos. Su sacrificio le trae satisfacción y orgullo personal.

¿Cómo se desarrolla Superman?

Su niñez no fue tradicional. Fue criado por personas muy bondadosas y generosas. Adoptaron a este niño y lo criaron como si fuera de ellos a una edad en la que su madurez es equivalente a la de unos abuelos sabios y no a unos padres inexpertos. Son personas sencillas, humildes, nobles y con unos principios muy arraigados. Al mismo tiempo, tienen una visión de la vida muy simple. De tal forma que le inculcan a Superman principios altruistas, pero también de entrega total a las causas nobles e importantes.

En su juventud Superman se desarrolla como todo adolescente, excepto que descubre que no es igual a los demás: tiene poderes especiales y una conciencia distinta a la de sus compañeros de clase. En vez de hacer alarde de sus poderes, los mantiene en secreto y permite que lo humillen y lo menosprecien. Todo lo sufre en silencio, pero lo acepta porque lo contrario sería llamar la atención, ser arrogante y pretencioso. Ese no es Superman.

Cuando llega a la adultez se ubica con mucho esfuerzo en el lugar donde cree que mejor puede servirle a la humanidad. Se emplea en un periódico para poder estar al tanto de los villanos y de las situaciones que afectan la seguridad del mundo. Superman existe para salvar el mundo, no para llevar una vida tranquila, común y corriente. Si Dios le dio esos poderes, es con la responsabilidad de que los utilice para el bien de la humanidad, mas no para su beneficio personal. Esa es su filosofía.

Al momento de surgir los villanos y los incidentes que requieren su intervención, sus actos son malinterpretados y todos desconfían de sus buenas intenciones, de su dedicación y nobleza, creen que es una pantalla para manipular y finalmente hacer el mal en vez del bien. Él aprende a mantenerse lejos de los demás, de los que le hacen daño, para continuar con su misión.

Descubre que no puede hacer una vida abierta ni "normal". Cuando continúan sus proezas y consistentemente salva a la humanidad, se encuentra con otro reto: todos lo alaban por su entrega y sus actos heroicos. Sin embargo, hay un grupo que no tolera su éxito y se dedica a encontrar sus debilidades.

La primera proviene de sus raíces, la Kriptonita, que lo debilita y lo convierte en una persona tan humana como cualquier otra; la segunda, que Superman necesita sentirse amado como todo el resto del mundo y se enamora de Lois, quien lo ama como héroe, pero lo rechaza como hombre.

Nunca tienen un encuentro terrestre, como una salida al cine, una cena romántica, no van de paseo a la playa ni tampoco puede invitarlo a compartir con sus amistades o con su familia. Superman no puede ser integrado al mundo. Tanto es así que nos preguntamos si Superman tiene necesidades humanas.

¿A quién escoge Superman?

Superman se enamora de mujeres especiales, de carácter fuerte, emocionalmente independientes, aunque un poco inmaduras. Él no tiene tiempo para enamorar ni tampoco es diestro por la falta de experiencia. Mientras otros están cortejando, él esta rescatando al mundo. Él gravita hacia mujeres que no requieren que él tome el liderazgo en la vida íntima, se enamora de la mujer que lo admire y respete su misión.

La admiración por sus talentos y capacidades debe estar acompañada de madurez e independencia para que él pueda despreocuparse mientras está en su misión. Superman busca aquella mujer de apariencia sobria, apropiada y adecuada, que cuando él conecte su mirada con la de ella, se fundan. Esa mujer que proyecta fortaleza, pero que ante él se vuelve vulnerable y sensible.

¿Qué hacer?

A este superhéroe hay que descifrarlo. Mientras más entregado esté a su trabajo, causa o misión, menos tiempo tendrá para ti. Primero debes identificar hasta qué grado él puede hacer ajustes y dedicarte tiempo.

Tiene que salir de él la necesidad de hacer vida de familia y de pareja, y ser capaz de hablar sobre otra cosa que no sea salvar al mundo. Debe poder escucharte y apoyarte en tus andanzas. Evalúa su capacidad para integrarse a una vida más llevadera con familia, amistades, actividades recreativas y momentos de intimidad.

Explora cuál ha sido su experiencia amorosa, cómo han sido sus amistades y cómo se relaciona con su familia. Si nada de eso ha podido llamar su atención como para dedicarles tiempo, no es un buen candidato. Sin embargo, si es capaz de disfrutar las salidas contigo, que incluye compartir en familia y con tus amistades, pueden existir posibilidades.

La relación con Superman es muy sacrificada aún para alguien que comparta la pasión por su causa. Debes estar dispuesta al mismo grado de sacrificio. No tendrás vida normal y deberás disfrutar al máximo lo poco que él pueda ofrecerte. Las parejas de estos héroes no lo disfrutan en un día feriado o en una fecha especial. Necesitas evaluar si realmente estás dispuesta a vivir esto y en qué nivel él es capaz de reconocer tu sacrificio y agradecerlo.

Hay algunos Superman que entienden que su pareja debe

sentirse agraciada de tenerlo como pareja y, por ende, se esfuerzan muy poco en hacerla sentir querida. Piensan que la fama, el estatus, la casa, el auto que les provee es recompensa suficiente. Ser la esposa de Superman no va a ser suficiente para mantenerte contenta. Ese Superman es "luz en la calle y oscuridad en la casa".

Debes aclarar muy temprano en la relación si esa es la vida que quieres para ti y si vas a poder mantenerte comprometida con él recibiendo tan tampoco de su parte. Si esperas mucho para decidirte a no ser la esposa de Superman, pero sí la esposa de alguien con quien puedas tener una vida normal, muy pocas personas te apoyarán en tu decisión de dejarlo y te presionarán para que aceptes lo que él te ofrece.

La paz mundial jamás se traducirá en un abrazo cálido
y tierno a medianoche en la cama.

Señales de alerta

- Es muy dedicado a su trabajo o vocación.
- Sus conversaciones giran en torno a su misión de vida.
- Sus amistades tienen que ver con su trabajo.
- No sabe decir "no" cuando se trata de su trabajo.
- Tiende a no tomar vacaciones.
- Siempre tiene al lado el maletín o el teléfono del trabajo.
- Goza de pocos pasatiempos.
- Tiene altos niveles de exigencia.
- Se sacrifica mucho para ayudar a otros.

NOTA FINAL

Me imagino que has podido identificar algunos de estos personajes, sino todos, en amigos, conocidos y parejas tuyas y de otras como tú. Quizás alguna pareja no era exactamente como el personaje que te describí, pero sí tenía muchas de las características. Por ejemplo, para calificar no es necesario que tenga todas las características de un Drácula.

Puede que el Drácula que tú has conocido sea un poco diferente al que yo te he presentado. Aun así, representa un peligro grande. Tal vez conozcas a alguien que tenga características de más de uno de los personajes. Esa sería una persona aun más difícil y peligrosa a la hora de escogerla como pareja.

Hay características que, aunque se presenten sin alguna otra representan una señal de alerta, especialmente las de Alerta roja. Una de estas es suficiente para entender que algo anda mal en la persona. Tal vez inicialmente solo puedas identificar una y después encuentres que también hay otras. Cada una debe provocar en ti un estado de alerta que te lleve a ser más incisiva en tus preguntas y más cautelosa al exponerte a sus acercamientos.

Ten presente la siguiente lista de características, que he organizado por nivel de alerta para recordarte lo importante que son. No las minimices ni trates de justificarlas.

Alerta roja

- Es labioso, mentiroso, manipulador
- Intimida. Se impone
- Es controlador
- Es inmaduro
- Es egoísta
- Es extremista
- Se cree siempre la víctima
- Te ama y te odia
- Ha tenido intentos suicidas
- No tolera la soledad
- Se obsesiona
- Es muy posesivo
- Es desconfiado
- Te acosa y te persigue
- Se descontrola
- Es muy intenso en sus emociones
- Es inestable, cambia sus emociones con frecuencia
- Miente sin necesidad
- Tiene doble personalidad
- Es muy celoso
- Tiene un vicio
- Es agresivo
- Habla disparates
- No tolera los cambios
- No logra tener amigos
- Tiene manías extrañas
- A veces asusta
- Ha tenido muchos conflictos en relaciones anteriores
- No quiere hablar de su pasado
- Tiene conflictos frecuentes con vecinos, compañeros de trabajo, familia
- Es impulsivo, actua primero y despúes piensa

Alerta naranja

- Es muy coqueto
- Es labioso
- Es irresponsable
- Es infiel
- Miente
- Es caprichoso
- Es insistente
- Te abacora con atenciones y regalos
- Se inmiscuye rápidamente en tu vida
- Se enamoró de ti sin conocerte
- No cede
- No lo amas

Si logras identificar las características de Alerta roja y Alerta naranja en alguien, cierra esa puerta y ponle un candado. No te dejes llevar por la curiosidad, la pena, el miedo, la opinión de otros, por el cansancio o la desesperación. Te repito: no te arriesgues ni un poquito a estar cerca de él.

Los personajes de Alerta amarilla no son físicamente peligros, pero sí emocionalmente. Si escoges a alguien con esas características es altamente probable que termines muy frustrada y desecha. Hay personas que son tercas y a las que les gusta asumir retos y comprobar que las advertencias no les aplicaban a ellas.

Muchas mujeres piensan que son muy inteligentes y que pueden amar mucho, tanto como para poder lograr un amor imposible. Se equivocan y terminan destruidas. Cuando se dan cuenta de que se equivocaron, no quieren admitirlo y prefieren seguir intentando hacer funcionar una relación que les hace mucho daño. No quieren descartar la relación sin haber intentado todo, todo lo que esté a su alcance para salvar la relación. Eso no es ser noble y sabia, eso es ser ignorante y terca.

Si puedes identificar las características de Alerta amarilla, no tienes que salir corriendo enseguida, lo que te pido es que no comprometas tu corazón y esperes a conocer mejor a la persona que tienes a tu lado. Si van surgiendo más y más confirmaciones de que es una Alerta amarilla, no insistas. No importa el tiempo que lleves conociéndolo y la opinión de otros, busca tu felicidad, tú te lo mereces. Con todo lo bueno que puedes ofrecer, tú te mereces un mejor candidato.

Alerta amarilla

- Evita los conflictos
- No tiene iniciativa
- No toma decisiones importantes
- Es lento, procrastina
- Es muy conformista
- Te promete, pero se tarda mucho en cumplir
- No socializa
- No es de detalles
- Necesita mucho apoyo
- Tiene potencial, pero le falta motivación
- Es cobarde
- Es insensible
- Se ofusca y se olvida del mundo a su alrededor
- No le presta atención a detalles del día a día
- Espera que otro lo ayude a hacer sus deberes
- Es vago

No vayas por la vida como una detective o, peor aún, pensando que no debes intentar buscar pareja por miedo a equivocarte. Eso no es necesario para estar a salvo. Debes tener malicia y suficiente información para poder entender mejor a la persona que te quiere enamorar pero que no te conviene.

Estoy segura de que mucho de lo que te he explicado no es totalmente nuevo para ti. Comprende que hay un gran peligro cuando no le das la debida importancia a las señales de alerta. Las apariencias pueden ser muy engañosas.

Vamos a recapitular. Primero, tú eres quien escoge. No dejes que nadie tome esa decisión, tan importante en tu vida, por ti. Voy a enfatizar que eres tú y nadie más quien va a decidir con quién vas a emprender una relación de pareja. Segundo: es un proceso de escoger entre varios. Esto implica que debes soltar la idea de que en la vida hay una sola persona para ti. No importa cuánto tiempo te tomes y cuántas personas descartes, eso no significa que no hay para alguien escoger. Con quien decidas estar no es el único, sino el que decidiste escoger.

No tiene que ser perfecto ni tener todas las cualidades que se te antojen para que logres ser feliz a su lado. Ya te iré hablando de las características positivas que debes considerar y cómo evaluarlas e identificarlas. En el próximo libro te daré información clara y específica de lo que debes valorar y evaluar en un candidato para que la relación de pareja sea saludable y feliz.

Por ejemplo, si decides establecer una relación de pareja, debe ser una persona que también tenga como prioridad en su vida hacer lo que haya que hacer para que la relación funcione. No debes ser tú quien siempre esté esforzándose para que haya amor en la relación, no debes ser tú quien siempre esté manejando los problemas que surjan. Tu pareja no tiene que saber tanto como tú sobre la intimidad sexual, pero debe estar dispuesta a aprender, y no tiene que ser adinerada, pero sí debe saber admininistrar sus finanzas o estar dispuesta a aprender y que otro lo ayude a corregir sus deficiencias.

Si es alto, bajito, negro, blanco, ojos azules o negros es un elemento que tú decides como antojo o gusto. Tienes derecho a antojarte siempre y cuando no pongas esas cualidades como prioridad a la hora de escoger. El color de los ojos nada tiene que ver con la madurez de la persona para enfrentar la vida.

Pero si lo encuentras maduro y también tiene los ojos del color que te gusta, sé agradecida. No pienses que lo debes rechazar porque luce demasiado bueno para ser real. Ese pensamiento responde al miedo de ser engañada y luego traicionada. También promueve la idea de que un candidato bueno de verdad no existe.

Otra vez, estos son miedos fomentados por las sorpresas y las muy malas experiencias vividas por personas que se encuentran a uno de los personajes que te describí.

Aunque parezca que no existen personas que puedan ser parejas especiales, sí las hay. Lo que sucede es que muchas veces se escoge mal y luego de la mala experiencia se generaliza y se piensa que todos los hombres son terribles. Esa conclusión es fácil de pensar cuando los cuentos que se escuchan cada vez son más espeluznantes. Gracias a Dios la realidad no es así. Hay muy buenos candidatos que, al igual que tú, quieren tener una pareja y compartir sus vidas basadas en el amor.

Recuerda que debes estar alerta. El amor no puede rehabilitar ni corregir los problemas y las deficiencias severas que tienen algunas personas que pueden resultar atractivas o que te quieran convencer de su amor hacia ti.

Cuando te encuentres ante la tentación, sal corriendo. Si piensas que quizás te equivocas y piensas que puedes quedarte sola el resto de tu vida, te aconsejo que es mejor estar sola que mal acompañada. No vale la penar perder tu vida y tu paz por una relación. En la vida no solo hay una oportunidad para ti. Por eso, si es necesario, sal corriendo, pero no para nunca tener pareja. Sal corriendo para salvar tu vida y estar disponible para cuando llegue la persona que de verdad te hará feliz.

www.ingramcontent.com/pod-product-compliance
Lightning Source LLC
Chambersburg PA
CBHW030303130626
46549CB00002B/665